理論、批評與詮釋

——詩經學史五論

簡 澤 峰 著

文 史 哲 學 集 成

文史哲出版社印行

國家圖書館出版品預行編目資料

理論、批評與詮釋：詩經學史五論 / 簡澤峰著. --
初版 臺北市：文史哲，民103.08
　　頁；　公分（文史哲學集成；659）
參考書目：　頁
ISBN 978-986-314-201-0（平裝）

1.詩經　2.研究考訂

831.18　　　　　　　　　　　　103015022

文史哲學集成　659

理論、批評與詮釋
——詩經學史五論

著　　者：簡　　　澤　　　峰
出 版 者：文 史 哲 出 版 社
　　　　　http://www.lapen.com.tw
　　　　　e-mail：lapen@ms74.hinet.net
登記證字號：行政院新聞局版臺業字五三三七號
發 行 人：彭　　　正　　　雄
發 行 所：文 史 哲 出 版 社
印 刷 者：文 史 哲 出 版 社
臺北市羅斯福路一段七十二巷四號
郵政劃撥帳號：一六一八〇一七五
電話886-2-23511028・傳真886-2-23965656

實價新臺幣三〇〇元

中華民國一〇三年（2014）八月初版

黃　序

　　根據個人之教學經驗與觀察所得，五經之中大概以《詩經》與《易經》較爲熱門，亦即其內容、大義，人們較有基本概念。不過，有些古人認爲《詩經》與《易經》較他經難讀，例如朱熹就曾說：「《易》難看，不比他書。《易》說一箇物，非真是一箇物，如說龍非真龍。若他書，則真是事實，孝弟便是孝弟，仁便是仁。《易》中多有不可曉處：如『王用亨于西山』，此卻是『享』字。只看『王用亨于帝，吉』，則知此是祭祀山川底意思。如『公用亨于天子』，亦是『享』字，蓋朝覲燕饗之意。《易》中如此類甚多。後來諸公解，只是以己意牽強附合，終不是聖人意。《易》難看，蓋如此。」《朱子語類》又有此一段記載：問：「『畜臣妾吉』，伊川云：待臣妾之道。君子之待小人，亦不如是。如何？」曰：「君子小人，更不可相對，更不可與相接。若臣妾，是終日在自家腳手頭，若無以係之，則望望然去矣。」又曰：「《易》中詳識物情，備極人事，都是實有此事。今學者平日只在燈牕下習讀，不曾應接世變；一旦讀此，皆看不得。某舊時也如此，即管讀得不相入，所以常說《易》難讀。」清儒皮錫瑞則云：「《詩》爲人人童而習之之經，而《詩》比他經尤難明，其所以難明者，詩本諷諭，非同質言，

前人既不質言，後人何從推測？就詩而論，有作詩之意，有賦詩之意。鄭君云：『賦者或造篇，或述古。』故《詩》有正義，有旁義，有斷章取義。以旁義爲正義則誤，以斷章取義本義尤誤。是其義雖並出於古，亦宜審擇，難盡遵從，此《詩》之難明者一也……。」朱、皮二氏可能是根據其個人閱讀經典之經驗而來，事實上若要認定《書》、《禮》、《春秋》必較他經爲難明，也可以輕易舉例而言之，同樣的，若要證明某經較他經爲易讀，亦不難枚舉數例以證成自己的體驗。有趣的是，若要從「史」的角度來較量研究「群經學史」的難易度，那就只能說，沒有一部經典的研究史容易研習，其因在於，所有經典學史的認識，都只能依靠日積月累的讀書工夫而來，而要投入任何一部經典學史的研究，也都必須依靠蘇軾所謂的「博觀而約取」方能有所收穫。

　　從遊簡澤峰君，十餘年前即已投入《詩經》學史的研究，其碩博士論文分別爲《胡承珙毛詩後箋析論》、《宋代詩經學新說研究》，兩論文在口考時皆獲得極優的評價。在進入職場之後，澤峰因爲教學之故，不能不擴大學術的關切面，於是而有《經典文學的再詮釋（古典篇）》、《經典文學的再詮釋（現代篇）》兩書的問世，當然，其本業依然在經學，這一本《理論、批評與詮釋 ── 詩經學史五論》就是其發表於各期刊的論文結集成果。

　　本書以「五論」爲題，其內容包括〈《荀子》引《詩》用《詩》及其相關問題〉、〈論《毛詩李黃集解》李樗對王安石解《詩》的接受〉、〈王質《詩總聞》一書及其詮釋觀〉、〈朱子的經典詮釋法解析 ── 以《詩經》爲例〉與〈方玉潤

《詩經原始》詮釋觀及其相關問題探析 —— 以十五〈國風〉詩旨為例〉，果如書名所示，在理論、批評與詮釋方面的問題都有所涉及。再觀察其徵引文獻，如同以往，古今中外著作皆能不偏廢，顯見其對《詩經》學史的熱愛並未因受到教學範圍的限制而暫停。不僅如此，據其自言，正在研究明代之《詩經》學，而筆者實際上也已閱讀到了部分研究成果，其中對於《詩經》評點學的見解確實有獨到之處，這就讓人對於澤峰下一階段的研究成果更加期待了，是為序。

黃忠慎 序於彰化師大研究室
2014 年 6 月

自 序

筆者於 1992 年進入彰化師大國文系，大二即選修《詩經》，當時的授課教師即爲日後碩士、博士論文之指導教授黃忠慎師。與《詩經》之間的因緣如同與忠慎師的因緣般長久，至今已歷 21 年。

人生中有多少個 21 年不可知，可知道的是這些和三百篇相關聯的人事物：彰化師大國文系、黃忠慎師、學位、學生等等，已深入骨髓，常駐體內。對我來說，三百篇是謀生的工具 —— 因爲它我得到學位，獲得教職；也是啓蒙心智，增長學識的經典 —— 因爲它，我掌握了治學的方法、途徑，進入學術的殿堂；更是聚合師友、家庭的關鈕 —— 因爲它，我結識了一群良師益友，以及愛我的妻子。這些總總看似零散無關的人事物，都因爲三百篇而有了連結，拼湊了我主要的生命圖像。本書也在這種種的因緣匯集之下得以面世，它是過去許多人事的聚合，也是串連未來的新起點。

《詩經》的迷人之處在於它不僅是「經」，也是「文」，還是「史」。從創作與編輯的那一天起，對中國文化起了深重的影響。筆者選擇三百篇作爲研究的對象主要著重在《詩》旨的詮解方面，受到歐陽修說法的啓發：歐陽修提出《詩》義有四重：有詩人之意，還有聖人之志、經師之業、太師之

職。其後魏源、龔橙等更仔細的區分《詩》意的多重。造成《詩》意的多重原因很多，除了《詩經》本身的歷史，即它從最初產生時就帶有濃厚的政治意涵，是實用的外交辭令，也是臣子諷誦主上的範本，同時還是市井布衣，男女傳唱的里巷歌謠。從它的作者、使用者來說，三百篇天生就是一副多彩樣貌，不能以一種固定的說法來框架。尤其發展至後來，加入最重要的關鍵，即讀者（接受者）的角色，讓三百篇的面貌更多元了起來。

　　本書題名為「五論」，所論及的焦點就是讀者，或者說詮釋者的角色，檢視後儒對三百篇的解說成果，從中理出一條可能的脈絡。從《詩經》學發展的歷史來說，在作者、文本與讀者三個頂點之間，越來越偏向讀者這一方面的研究。而在這些不同的詮解者中，尤其是宋代的學者最引起注目，因為他們勇於突破《詩序》的舊說，提出自己新的見解。故而筆者的博士論文便以宋代為範圍，分析那些「新」派的詮經者說《詩》的成果與如此說《詩》的原因。《詩經五論》仍延續著這個面向，追索造成《詩》意多重的許多可能。書中得出若干見解，瑕瑜互見之處，尚祈方家不吝賜教。

簡澤峰 序於台中
甲午・荔月

理論、批評與詮釋
—— 詩經學史五論

目　　次

第一章 《荀子》引《詩》用《詩》及其相關問題

壹、前 言

荀子（313-238B.C.）與孟子（373-289 B.C.）約處於同一歷史時期，分別代表儒家學說中不同的二個流派。近人研究孟子對古代典籍的運用及其詮釋方法已有不少成績，相對於荀子的研究則少了許多，[1]本文以《詩經》爲例，欲說明荀

---

1 關於孟子及《孟子》一書對於古籍徵引、詮釋方式之探討，今人黃俊傑已有許多研究成果，見氏著：〈孟子運用經典的脈絡及其解經方法〉，《臺大歷史學報》第 28 期（2001 年 12 月），頁 193-205。及《孟子思想史論》（臺北：東大圖書公司，1991 年）。黃氏其他論文雖不以《孟子》爲主要討論對象，但在敘述舉例的過程中常以《孟子》爲例，也可說是對《孟子》詮釋經典的方式作一介紹，如氏著：〈從儒家經典詮釋史觀點論解經者的「歷史性」及其相關問題〉，《臺大歷史學報》第 24 期（1999 年 12 月），頁 1-28；〈儒家論述中的歷史敘述與普遍理則〉，《臺大歷史學報》第 25 期（2000 年 6 月），頁 1-24；〈論東亞儒家經典詮釋傳統中的兩種張力〉，《臺大歷史學報》第 28 期（2001 年 12 月），頁 1-22。至於對荀子引用經典及對經典的詮釋之研究，只有張美煜：〈荀子引用詩經的方式及其涵義〉，《國文學報》第 24 期（1995 年 6 月），頁 111-142；陳昭瑛：〈「通」與「儒」：荀子的通變觀與經點詮釋問題〉，《臺大歷史學報》第 28 期（2001 年 12 月），頁 207-223。

子對古代典籍的運用其詮釋特色，不止整理荀子對經典的運用方式，也追索荀子對經典的態度及相關問題。以《詩經》為例，因為《荀子》一書三十二篇，共有二十七篇引用《詩經》，引用總次數多達八十三次，相對於《書》、《禮》、《春秋》經，可見荀子對《詩經》的重視。

　　對於本文題目「引用」二字必須加以說明，因為「引用」以經預設了本文的觀點及本文論述的方式。西方學者對於詮釋過程中「詮釋本文」（interpreting a text）與「使用本文」（using a text）的區分概念有助於我們討論荀子「運用」《詩經》與「稱引」《詩經》二種不同的情況之分析。今人黃俊傑借用語言學家區分「運用」與「稱引」語言的觀點，將中國古代思想家使用經典的方式區分為「運用」與「稱引」二種方式，所謂「運用」經典是指：「使用經典以論證某一命題或指示某一事時或現象。」所謂「稱引」則是：「以經典本身內容作為研究對象。」[2]《荀子》引用《詩經》的方式顯然以前者「運用」為主，即使為「稱引」，也是作為自己的

2　「詮釋本文」（interpreting a text）與「使用本文」（using a text）的概念區分見艾科（Umberto Eco）等著，王宇根譯：《詮釋與過度詮釋》（北京：三聯書店，1997年），頁 83。這個概念為艾科所提出，但是書中引起不同意見，如羅蒂（Richard Roroty）便否定有這種「詮釋」與「使用」的本質區分，頁 115-120。黃俊傑之說見氏著：〈孟子運用經典的脈絡及其解經方法〉，頁 194。黃氏云：「語言學家常區分『運用』某種語言與『稱引』某種語言的不同。兩者的差別正是『後設語言』（meta-language）與『對象語言』（object-language）的不同。前者如許多科學家或哲學家『運用』某種語言以說明一些非語言的現象或事實，後者則是指如語言學加這類學者使用某種語言（如中文或英文）以研究語言現象。在前的場合中，被使用的語言是一種工具，並不是研究的對象；在後者場合中，語言就成為研究對象。」

論點的論據之用。因此，本文擬著重於說明荀子「運用」《詩經》的一面，解釋其對於經典的某些特有觀點與詮釋方法。

全文將以「引用」作爲線索，第一節先說荀子引用的方式爲何，有幾種；第二節說明引用的目的及作用；第三節則考察荀子引用的結果。所謂「結果」分爲二方面論，對《詩經》本身產生哪些影響，有什麼結果出現。第二檢驗荀子自己在運用這些詩句後，對於他自己的論說產生了哪些影響、結果。第四節則討論荀子對經典的詮釋觀及相關問題。

貳、本　文

一、荀子引用《詩經》的方式

前言已提及荀子對經典的「運用」與「稱引」二種區別，但這只涉及了書面上的引用形式，未深入至內容上的引用說明。因此本節又區「形式上」的引用與「內容上」的引用之不同二方面，試圖說明荀子對《詩經》的處理方式有何特點。

（一）形式上的引用方式

《荀子》中出現《詩經》句子的地方共八十三處，其中有七處出自孔子之口，一處爲出自曾子，一處爲後人所引，[3]

---

3 孔子徵引《詩經》之處出現於《荀子・大略篇》共五次，〈宥坐篇〉〈法行篇〉各一次。曾子引《詩》在〈法行篇〉，後人引《詩》在〈堯問篇〉各一次。

則真正出自荀子之徵引共計七十四處。依前述對「運用」及「稱引」的區分，《荀子》對《詩經》的引用方式以前種情形爲多，運用《詩》句作爲自己論理的證明共計五十五處，稱引《詩》句並加以解釋的共計十八處。運用《詩》句作爲自己論理的證明的方式中，多將《詩》句擺在說理文字之後，再以「此之謂也」作結。如《荀子・勸學篇》：「故君子不傲、不隱、不瞽，謹順其身。《詩》曰：『匪交匪舒，天子所予。』此之謂也。」在說完道理後，舉〈小雅・采菽〉中的文字結束，爲自己的論說下一小結語。

　　稱引《詩》句之說則不止稱引原《詩》句而已，又將原文作一簡單解釋。如〈不苟篇〉：「《詩》曰：『左之左之，君子宜之；右之右之，君子有之。』此言君子能以義屈信變應故也。」用君子能按照禮義的原則適應變化，解說〈小雅・裳裳者華〉的四句意思。[4]雖然稱引的方式是以經典本身作爲研究的對象，但是《荀子》一書對《詩經》的稱引卻不單單是以解釋《詩》句本身爲目的，而是以說理爲目的。以上爲例，在稱引〈小雅・裳裳者華〉之前，整段文句爲：

> 君子崇人之德，揚人之美，非諂諛也；正義直指，舉人之過，非毀疵也；言己之光美，擬於舜、禹，參於天地，非夸誕也；與時屈伸，柔從若蒲葦，非懾怯也；剛強猛毅，靡所不信，非驕暴也。以義變應，知當曲直故也。

---

4 這一句中「言君子能以義屈信變應故也」的「義」自當作「禮義」解釋，由〈不苟篇〉前云：「君子行不貴苟難，說不貴苟察，名不貴苟傳，唯其當之爲貴……然而君子不貴者，非禮義之中也。」可知。

　　若參考《詩》句前後文意，則可知荀子對「左之左之」
這四句的說明，其作用仍在位自己的論點服務，爲說理而服
務。因此，可以說荀子引用《詩經》的方式，不論是運用的、
稱引的，都有很強的現實性、實用性，都服務於自己的論點，
爲加強自己的說服力而引用。

（二）內容上的引用方式

　　不論是「運用」也好，「稱引」也好，若仔細分析荀子
所引用《詩經》的內容，則以大小〈雅〉最多，計〈大雅〉
二十八處，〈小雅〉二十五處，〈國風〉十處，〈周頌〉七
處。在所引〈小雅〉中，有近於〈國風〉的，有近於〈大雅〉
的，荀子又偏愛後者。今人分析荀子引《詩》偏重〈雅〉〈頌〉
的原因，歸結於〈雅〉〈頌〉本身的特點爲表現文采教化，
勸勉修身修德的特質，及荀子本身注重禮憲法制的功能。[5]而
引用的《詩》句當中也常出現「君子」、「德」、「禮儀」、
「禮義」等等詞彙，和荀子注重修德教化與禮制功能之說相
符。[6]

---

[5] 此二點說法見蔣年豐：〈荀子「隆禮義而殺詩書」涵義之重探——從「克
明克類」的世界著眼〉，《第一屆中國思想史討論會文集》（臺中：東海
大學文學院編印，1989 年），頁 124。

[6] 引文中帶「君子」詞彙之處有：〈勸學篇〉中引〈小雅‧小明〉「嗟爾君
子，無恒安息」、〈曹風‧鳲鳩〉「淑人君子，其儀一兮」、〈不苟篇〉
引〈小雅‧裳裳者華〉「左之左之，君子宜之；右之右之，君子有之」、
〈富國篇〉、〈議兵篇〉、〈君子篇〉皆引〈曹風‧鳲鳩〉「淑人君子，
其儀不忒。」、〈禮論篇〉引〈大雅‧泂酌〉「愷悌君子，民之父母。」、
〈正名篇〉引〈大雅‧卷阿〉「豈悌君子，四方維綱。」、〈宥坐篇〉引
〈小雅‧大東〉「君子所履，小人所視。」；帶「德」字之處有：〈富國
篇〉及〈致士篇〉引〈大雅‧抑〉「無言不讎，無德不報。」、〈非十二

　　無論是強調修德教化或禮制功能,從荀子引用〈雅〉〈頌〉的實際內容也可以見出他注重客觀的社會秩序、理想的政治組織。如:〈商頌・長發〉「受小共大共,爲下國駿蒙。」、「受小球大球,爲下國綴旒。」;〈大雅・文王有聲〉「自東自西,自南自北,無思不服。」;〈大雅・棫樸〉「雕琢其章,金玉其相,亹亹我王,綱紀四方。」;〈大雅・常武〉「王猶允塞,徐方既來。」「徐方既同,天子之功。」;〈大雅・大明〉「明明在下,赫赫在上。」;〈周頌・天作〉「天作高山,大王荒之。彼作矣,文王康之。」;〈大雅・民勞〉「惠此中國,以綏四方。」[7]注重綱紀四方、安綏四方,使天下無不服從,由此可知荀子注重外王事功的具體思想。

二、荀子引用《詩經》的目的與作用

　　身處於戰國中期的荀子,《詩經》在當時便已是流通的

子篇〉及〈君道篇〉引〈大雅・抑〉「溫溫恭人,維德之基。」、〈天論篇〉引〈大雅・烝民〉「德輶如毛,民鮮克舉之。」;帶有「禮儀」字彙處有:〈修身篇〉及〈禮論篇〉引〈小雅・楚茨〉「禮儀卒度,笑語卒獲。」;帶有「禮義」字彙處有:〈天論篇〉及〈正名篇〉引逸詩「禮義之不愆兮,何恤人之言兮?」;帶有「威儀」字彙處有:〈富國篇〉引〈周頌・執競〉「降福簡簡,威儀反反」。共計「君子」一詞出現 9 次,「德」字出現 5 次,「禮儀」出現 2 次,「禮義」出現 2 次,「威儀」出現 1 次。

7 〈商頌・長發〉二句在〈臣道篇〉、〈非相篇〉;〈大雅・文王有聲〉三句出現在〈儒效篇〉、〈王霸篇〉、〈議兵篇〉三處;〈大雅・棫樸〉一句在〈富國篇〉;〈大雅・常武〉「王猶允塞,徐方既來。」二句出現在〈君道篇〉、〈議兵篇〉「徐方既同,天子之功。」二句出現於〈非相篇〉;〈大雅・大明〉二句出現在〈正名篇〉,〈正論篇〉則只有「明明在下」一句;〈周頌・天作〉四句出現於〈王制篇〉、〈天論篇〉二處;〈大雅・民勞〉二句出現在〈致士篇〉一處。

典籍，從《左傳》記載賦《詩》引《詩》的風氣可得知一二。
《詩經》作爲一種眾人皆知且閱讀過的一種著作，其地位以
經不再是普通的文學作品，而帶有「經典」的性質，而經典
的背後便有一種權威的力量支持，這種對「權威」的認知又
爲眾人所接受，因此引用「經典」就帶有權威的味道。西方
人研究引用的作用，以爲有：訴諸權威、顯示博學、修飾等
三種基本作用。[8]在《荀子》書中引用的目的、作用，顯示博
學或修飾可能有，但不是荀子引用的重點，而訴諸權威以加
強自己論點的正確性才是他最在意的。

　　荀子引用《詩經》的目的、作用除了訴諸權威以加強自
己論點之外，筆者以爲從《荀子》書中引用後所欲說明的具
體內容分析，可以得知荀子引用《詩經》真正的目的爲何。
在前一節已略微提及荀子引《詩》偏重〈雅〉〈頌〉與他注
重修身修德及禮憲法制的功能有關，若仔細整理荀子引用
《詩》句所欲說明的具體內容（也就是他關注的方向），可
以區分爲幾大項：一、個人的德行修養：二、外在的禮儀教
化：三、在上位者（人君）的治國之道：四、在下位者（人
臣）的輔佐之道：五、國家行政治理之道等五方面。第一、
二項與第三、四、五項形成二個大的類別，一爲個人一爲團
體（國家）。若再仔細觀察，其實第二項「禮儀教化」雖然
與個人修養有關，但荀子仍以從國家的角度去解釋「禮儀教
化」，從禮儀教化對國家發生的作用來講，而非對個人的人

---

8 見 Steven Van Zoeren 《Poetry and Personality》。轉引自吳萬鐘：〈先秦
　引詩用詩與毛詩的解釋〉，《經學研究論叢》第七輯（台北：學生書局，
　1999 年）頁 123。

格養成、行為影響來講。如：〈彊國篇〉云：「財物貨寶以大為重，政教功名反是，能積微者速成。《詩》曰：『德輶如毛，民鮮克舉之。』此之謂也。」〈禮論篇〉云：「禮者，以財物為用，以貴賤為文，以多少為異，以隆殺為要……故厚者，禮之積也；大者，禮之廣也；高者，禮之隆也；明者，禮之盡也。《詩》曰：『禮儀卒度，笑語卒獲。』此之謂也。」可見荀子最終的關懷仍在於國家團體的政治走向，而非個人心性品德的培養。

　　從荀子引用《詩》句以討論的次數便可得知。引用《詩》句說明個人德行修養的次數共有十四次，說明「禮儀教化」的有十一次，說明在上位者（人君）的治國之道的有十四次，說明在下位者（人臣）的輔佐之道的有五次，說明國家行政治理之道的有十六次。[9]從數字上的比例就可以得知荀子引

---

9 引用《詩》句說明個人德行修養的有：〈勸學篇〉引〈小雅・小明〉、〈曹風・鳲鳩〉、〈小雅・采菽〉三處；〈修身篇〉引〈小雅・楚茨〉、〈大雅・皇矣〉共二處；〈不苟篇〉引〈大雅・抑〉、〈小雅・裳裳者華〉共二處；〈非十二子篇〉引〈大雅・抑〉一處；〈儒效篇〉引〈小雅・角弓〉一處；〈臣道篇〉引〈小雅・小旻〉、〈大雅・抑〉共二處；〈天論篇〉引〈周頌・天作〉一處；〈正名篇〉引〈大雅・卷阿〉及逸詩共二處；說明「禮儀教化」的有：〈富國篇〉引〈周頌・執競〉一處；〈王霸篇〉引逸詩一處；〈議兵篇〉引〈大雅・常武〉一處；〈彊國篇〉引〈大雅・烝民〉一處；〈禮論篇〉引〈小雅・楚茨〉、〈大雅・泂酌〉共二處；〈大略篇〉引〈小雅・魚麗〉、〈小雅・縣蠻〉共二處；〈宥坐篇〉引〈邶風・雄雉〉一處；〈子道篇〉引〈大雅・既醉〉一處；說明在上位者（人君）的治國之道的有：〈榮辱篇〉引〈商頌・長發〉一處；〈非相篇〉引〈大雅・常武〉一處；〈儒效篇〉引〈大雅・文王有聲〉一處；〈王制篇〉引〈周頌・天作〉一處；〈王霸篇〉引〈大雅・文王有聲〉一處；〈君道篇〉引〈大雅・抑〉、〈大雅・文王〉共二處；〈臣道篇〉引〈商頌・長發〉一處；〈正論篇〉引〈大雅・大明〉一處；〈解蔽篇〉引逸詩、〈大雅・大明〉、逸詩共三處；〈君子篇〉引〈小雅・北山〉、〈曹風・鳲鳩〉共

《詩》說理的最終關懷在於國家政治教化的作用。若從引《詩》的實際內容分析，最能看出荀子這種傾向的莫過於原來詩句中沒有所謂政治教化意涵的，荀子引進文章中，賦予原詩句政教意義，如〈王霸篇〉云：「國無禮則不正。禮之所以正國也，譬之猶衡之於輕重也，猶繩之於曲直也，猶規矩之於方圓也，既錯之而人莫之能誣也。《詩》云：『如霜雪之將將，如日月之光明，為之則存，不為則亡。』此之謂也。」原詩以亡佚，不可探知其原意為何，但是荀子則以霜雪覆蓋大地、日月照臨大地的普遍喻禮法作用的重大，關係到國家的存亡，賦予「霜雪」「禮法」的內涵。

三、荀子引用《詩經》的結果

本節欲討論的議題為荀子引用《詩經》的「結果」，所謂「結果」分為二方面說，第一為就《詩經》本來的詩句而言，荀子的引用與原來的詩句之間有何意義上的關連，相同、相異或某種曾度上的相關。第二為就荀子本身的文章言，引

二處，說明在下位者（人臣）的輔佐之道的有：〈仲尼篇〉引〈大雅·下武〉一處、〈富國篇〉引〈小雅·黍苗〉一處、〈臣道篇〉引逸詩一處、〈大略篇〉引〈齊風·東方未明〉、〈小雅·出車〉共計二處；說明國家行政治理之道的有：〈非十二子篇〉引〈大雅·蕩〉一處；〈儒效篇〉引〈小雅·采菽〉一處；〈富國篇〉引〈大雅·棫樸〉、〈大雅·抑〉、〈周頌·執競〉、〈曹風·鳲鳩〉、共四處；〈君道篇〉引〈大雅·常武〉、〈大雅·板〉共二處；〈致士篇〉引〈大雅·民勞〉一處；〈議兵篇〉引〈商頌·長發〉、〈大雅·文王有聲〉、〈曹風·鳲鳩〉共三處；〈彊國篇〉引〈大雅·板〉一處；〈天論篇〉引〈周頌·天作〉一處；〈宥坐篇〉引〈小雅·節南山〉、〈小雅·大東〉共二處。

用的詩句在荀子的說理脈絡中有何作用,產生怎樣的結果。
對於第一點有一個必須解決的難題,即《詩經》三百篇原本
的意思爲何?如何判定每一首詩原本的所指意涵?要判定一
首詩的原本意涵爲何,其前提爲肯定每一首詩都有他原作者
的意思存在。但是三百篇的原作者是誰?又是爭論不休的難
題。因此,我們必須先澄清所謂三百篇的「原意」是指什麼
樣內涵的「原意」。顯然《詩經》的原作者都無法一一考證
出來,所以也沒有所謂原來作者的意思之「原意」。而三百
篇又經過採詩入樂,經過不止一人之手的改編、重作,因此
所謂「原意」無法,也不可能找出來。而《詩經》有所謂「作
詩」、「採詩」、「編詩」、「說詩」、「賦詩」、「引詩」
各種不同的「原意」,[10]因此,筆者以爲說三百篇有「原意」,
是指另一種層面上的原意,即最普通的、最被大家所接受的
原意,也就是以最爲流行的說法作爲三百篇的「原意」。而
可以代表最大多數人都接受的「原意」,現存的資料爲《毛
詩序》,但是《毛序》又常以「美刺」的觀點解釋詩旨,引
起後人的質疑與攻擊,因此,筆者在解說或引用三百篇「原

---

10 關於《詩經》有不同層次上的意義,宋代歐陽修在《詩本義》中便已提
出讀《詩》者要注意《詩》中四個層次的意義:詩人之意、太師之意、
聖人之志、經師之業,范處義:《詩補傳》亦有類似看法,清人姜炳璋:
《詩序補義》也提出有詩人之意與編詩之意的區別。胡承珙:《毛詩後
箋》也有編詩者之法、序詩者之意的區別。後來的魏源:《詩古微‧齊
魯韓毛異同論‧中》更詳細的區分:「《詩》有作《詩》者之心,而又
有採《詩》編《詩》者之心焉。有說《詩》者之義,而又有賦《詩》引
《詩》者之義焉。」龔橙:《詩本誼‧序》更提出《詩》有「八誼」之
說:有作《詩》之誼,有讀《詩》之誼,有太師採《詩》瞽矇諷誦之誼,
有周公用爲樂章之誼,有孔子定《詩》建始之誼,有賦《詩》引《詩》
節取章句之誼,有賦《詩》寄託之誼,有引《詩》以就己說之誼。

意」時，又參考後人研究成果，以《毛序》說爲主，若有質疑處參考後人說，以此作爲評判荀子引用《詩經》是否偏離「原意」的基準。

（一）就《詩經》本來詩句而言

就《荀子》一書引用《詩》句的句意與原來的句意相互考察，則會發現二者間有差距。這種意義上的差距是荀子有意的「使用」，而非無心的隨便比附。以下區分爲二項說明這種運用《詩》句而與原意產生意義上的不同情形，一爲相似的運用，一爲斷章取義的運用。

1.相似的運用

所謂「相似」意指荀子運用的《詩》句意與原來的《詩》意幾乎相同，但非完全相同。這種相同是「去除《詩》具的背景」之後，則二者句意完全相同。如：〈不苟篇〉云：「君子寬而不慢，廉而不劌，辯而不爭，察而不激，直立而不剩，堅彊而不暴，柔從而不流，恭敬謹慎而容，夫是之謂至文。《詩》曰：『溫溫恭人，惟德之基。』此之謂矣。」引用〈大雅·抑〉的句子說明君子擁有各種不偏激而中和的德行，若不考慮〈大雅·抑〉「衛武公刺厲王，亦以自警。」[11]之背景，則與原句意完全相同。又如〈儒效篇〉云：「孫卿曰：『其爲人也，廣大矣！志意定乎內，禮節脩乎朝，法則、度

---

11 「衛武公刺厲王，亦以自警。」爲《毛詩·序》之說，此說最早出現於《國語·楚語》引左史倚相的話：「昔衛武公年數九十武矣……於是乎作懿戒以自儆。」「懿」、「抑」古通。此說爲大部分學者接受，如屈萬里：《詩經詮釋》；糜文開、裴普賢：《詩經欣賞與研究》；黃師忠慎：《詩經簡釋》等。

量正乎官，忠、信、愛、利行乎下……故近者歌謳而樂之，遠者竭蹶而趨之。四海之內若一家，通達之屬，莫不服從，夫是之謂人師。《詩》曰：「自東自西，自南自北，無思不服。」此之謂也。』」此三句出自〈大雅・文王有聲〉，原詩爲說「文王遷豐、武王遷鎬之事。」[12]這三句則是形容武王遷鎬時的情況。若去除掉這特定的時空背景，則荀子引用之意語原詩意幾乎完全相同。

　　類似的例子出現在《荀子》一書中不少，而這種幾乎完全相同的引用情況與《詩》句本身的特質有關。也就是這些句子本來字面的意義就很清楚，是直述式的描寫語言，沒有運用任何的比喻、誇飾或象徵手法，如〈大略篇〉云：「《聘禮》志曰：『幣厚則傷德，財侈則殄禮。』禮云禮云，玉帛云乎哉？《詩》曰：『物其指矣，唯其偕矣。』不時宜，不敬文，不驩欣，雖指，非禮也。」又說：「不富無以養民情，不教無以理民性。顧家五畝宅，百畝田，務其業而勿奪其時，所以富之也。立大學，設庠序，脩六禮，明七教，所以道之也。《詩》曰：『飲之食之，教之誨之。』王事具矣。」「物其指矣，唯其偕矣」、「飲之食之，教之誨之」二段文字都明白曉暢，若不考慮貴族燕饗之詩、小臣爲行役所苦而怨刺之詩等背景，則荀子這二段話與原詩意是一樣的。[13]所以同

12　「文王遷豐、武王遷鎬之事。」出自朱熹：《詩集傳》，近人屈萬里、糜文開、裴普賢、黃師忠慎皆同意此說。

13　此二段文字分別出自〈小雅・魚麗〉〈小雅・綿蠻〉。〈魚麗・序〉云：「美萬物盛多，能備禮也。」朱熹：《詩集傳》以爲：「此燕饗通用之樂歌。」屈萬里同意朱子之說。糜文開、裴普賢以爲：「這是周代宴客時全國上下通用的樂歌。」與朱子之意相差不多。（台北：三民書局，

樣的「溫溫恭人，惟德之基。」又用在〈非十二子篇〉、「自
東自西，自南自北，無思不服。」用在〈王霸篇〉、〈議兵
篇〉其引用的意義與原詩義都相差不遠。[14]類似的引用還有
「禮儀卒度，笑語卒獲。」、「民之無良，相怨一方。受爵
不讓，至於己斯亡。」、「武王載發，有虔秉鉞。如火烈烈，
則莫我敢遏。」、「普天之下，莫非王土。率土之濱，莫非
王臣。」、「顛之倒之，自公召之。」、「我出我輿，于彼
牧矣。自天子所，謂我來矣。」、「介人維藩，大師維垣。」、
「我言維服，勿用爲笑。先民有言，詢于芻蕘。」[15]等詩句，

1991 年），頁 794。黃師忠慎：《詩經簡釋》以爲「此詩製作之初非爲
燕饗所通用」，但是從《儀禮》的記載燕禮、鄉飲酒禮都用此篇，則「可
以確定〈魚麗〉後來經過推廣應用，已成爲一般宴會所通用的樂歌。」
（台北：駱駝出版社，1995 年），頁 352。〈綿蠻‧序〉說：「微臣刺
亂也。大臣不用仁心，遺忘微賤，不肯飲食教載之，故作是詩也。」屈
萬里：《詩經詮釋》以爲：「此微臣苦於行役之詩。」（台北：聯經出
版社，1991 年），頁 444。糜文開、裴普賢：《詩經欣賞與研究》以爲：
「這是行役者不堪長途跋涉、徒步奔跑之苦，而感激主其事者予以體恤
的人間溫暖之歌。」頁 1188。黃師忠慎：《詩經簡釋》同意屈萬里之說，
但仍不否定〈詩序〉之說。頁 505。

14 〈非十二子篇〉云：「士君子之所能不能爲：君子能爲可貴，不能使人
必貴己；能爲可信，不能使人必信己……是以不誘於譽，不恐於誹，率
道而行，端然正己，不爲物傾側，夫是之謂誠君子。《詩》云：『溫溫
恭人，惟德之基。』此之謂也。」〈王霸篇〉云：「百里之地可以取天
下，是不虛，其難者在人主之知也……賢士一焉，能士官焉，好利之人
服焉，三者具而天下盡，無有是其外矣。故百里之地，足以竭勢矣；致
忠信，著仁義，足以竭人矣。兩者合而天下取，諸侯後同者先危。《詩》
曰：『自東自西，自南自北，無思不服。』一人之謂也。」〈議兵篇〉
云：「凡誅，非誅其百姓也，誅其亂百姓者也；百姓有扞其賊，則是亦
賊也。以故順刃者生，蘇刃者亡，奔命者貢……四海之內若一家，通達
之屬，莫不服從，夫是之謂人師。《詩》曰：『自東自西，自南自北，
無思不服。』此之謂也。」

15 「禮儀卒度，笑語卒獲。」用於〈修身篇〉中；「民之無良，相怨一方。

除去特有的背景，荀子只取其表面意義。除了見出荀子對於
《詩經》的熟悉，也可見出荀子引用《詩》句的態度並非任
意的引用，仍照顧到字面的意思。

2.斷章取義的運用

　　《荀子》一書引用的情形以「斷章取義」式的引用最多，
所謂斷章取義說源於《左傳・襄公二十八年》盧蒲葵之口：
「賦詩斷章，余取所求焉」只取自己所需要的部分，不必顧
慮原詩義為何。斷章取義雖源於「賦詩」，但「引詩」的情
形仍然相同。如此一來，詩句的意義具有極大的靈活性、極
大的解釋空間。荀子引用《詩句》的情形雖以斷章取義為多，
仔細考察，其實仍可以再區分為幾種情形：只取詩句表面意
義、增添自己的意思、拋棄某種意義、偏離原詩義等四種情
形。以下分別述之。

（1）只取表面意義的斷章引用

　　所謂只取表面上意義的斷章引用，與前一小節說的去除
背景不論，幾乎與原詩義相同的引用，兩者間的差別在於「只
取表面意義的斷章引用」注重「比喻」式的說明，不照顧原
有的詩句所指為何，而隨自己要的意思，以比喻的方式說明
自己的道理。如〈修身篇〉云：「禮者，所以正身也；師者，
所以正禮也。無禮，何以正身？無師，吾安知禮之為是也……

受爵不讓，至於己斯亡。」用於〈儒效篇〉中；「武王載發，有虔秉鉞。
如火烈烈，則莫我敢遏。」用於〈議兵篇〉中；「普天之下，莫非王土。
率土之濱，莫非王臣。」用於〈君子篇〉中；「顛之倒之，自公召之。」、
「我出我輿，于彼牧矣。自天子所，謂我來矣。」「我言維服，勿用為
笑。先民有言，詢于芻蕘。」皆用於〈大略篇〉中；「介人維藩，大師
維垣。」分別用於〈君道篇〉、〈彊國篇〉。

故學也者，禮法也。夫師以身為正儀，而貴自安者也。《詩》云：『不識不知，順帝之則。』此之謂也。」「不識不知，順帝之則。」原出於〈大雅・皇矣〉，原為稱美周文王之事功與德行之盛大，[16]本為上帝告誡文王的話，要他不必多所謀慮，一切順從天則。荀子則用「順從」的比喻來說明「師」要以身作則（以身為正儀），自己安心自然而去作（貴自安），好像順著自然法則一樣。

又如〈臣道篇〉云：「仁者必敬人。凡人非賢，則案不肖也。人賢而不敬，則是禽獸也；人不肖而不敬，則是狎虎也。禽獸則亂，狎虎則危，災及其身矣。《詩》曰：『不敢暴虎，不敢馮河。人知其一，莫知其它。戰戰兢兢，如臨深淵，如履薄冰。』此之謂也。故仁者必敬人。」「不敢暴虎，不敢馮河。」出自〈小雅・小旻〉，荀子在文中先用「狎虎」的比喻方式說明「不敬」會招致的災害，然後以「不敢暴虎，不敢馮河。」的小心謹慎態度七句說明仁者必敬人。與原在下位者用這七句來「怨刺」在上為者的之說無關。[17]

（2）增添己意的斷章引用

所謂「增添己意的斷章引用」指除了斷章以取自己所需

---

16 〈詩序〉云：「美周也。天監代殷，莫若周。周世世脩德，莫若文王。」朱熹《詩集傳》云：「此詩敘大王、大伯、王季之德，以及文王伐密伐崇之事也。」朱說與原詩各章節之意能配合，〈序〉說亦不誤，都是美周文王之事。

17 〈詩序〉云：「小旻，大夫刺幽王也。」屈萬里：《詩經詮釋》以為：「此刺王惑於邪謀之詩。」頁366。糜文開、裴普賢：《詩經欣賞與研究》以為：「邪謀詭計，迷惑王心；正道善謀，反被蔑棄。詩人憂心忡忡，提出警告，希望在上者有所鑑察。」頁964。黃師忠慎：《詩經簡釋》則同意〈詩序〉之說，以為不必推翻。可見「怨刺」之說當為此詩寫作的背景。

要的意義外，又再增加自己的意思。這一類的斷章是荀子最有特色，也是最具豐富性、靈活性的引用方式。如〈不苟篇〉：「君子崇人之德，揚人之美，非諂諛也；正義直指，舉人之過，非毀疵也……與時屈申，柔從若蒲葦，非懾怯也；剛強猛毅，靡所不信，非驕暴也。以義變應，知當曲直故也。《詩》曰：『左之左之，君子宜之；右之右之，君子有之。』此言君子能以義屈信變應故也。」原句意為詩人稱美在上位者（君子）有才德（宜之）有才能（有之），我（詩人）要輔佐他（左之、右之）。[18]與所謂「以義屈申變應」之說無關。荀子在這裡不僅將「左之右之」曲解為左右應變，更添加了「禮義」的內容。

又如〈解蔽篇〉云：「周而成，泄而敗，明君無之有也……君人者，宣則直言至矣，而讒言反矣，君子邇而小人遠矣。《詩》曰：『明明在下，赫赫在上。』此言上明而下化也。」〈大雅・大明〉開頭云：「明明在下，赫赫在上。」稱美文王之德在人間（在下）光明昭顯（明明）的樣子，在天上（在上）顯赫威嚴（赫赫）的樣子。[19]本為形容文王在天上、人間的光明顯赫德行，但荀子卻將「在上」解釋為在上位者的

18　〈裳裳者華・序〉云：「刺幽王也。古之仕者世祿，小人在位，則讒諂並進，棄賢者之類，絕功臣之世為。」但是通篇文章都作讚美之語氣，不見諷刺之意，所以朱熹《詩集傳》說：「此天子美諸侯之辭。」將稱美與被稱美的身份拘限在天子、諸侯之間，屈萬里：《詩經詮釋》則以為：「此美某在者之詩。」頁 415。黃師忠慎：《詩經簡釋》同意屈氏之說，以為「最簡單，卻也最無語病可挑。」頁 471。

19　〈詩序〉云：「大明，文王有明德，故天復命武王也。」陳奐：《詩毛氏傳疏》云：「明明、赫赫皆是形容文王之德。」糜文開、裴普賢：《詩經欣賞與研究》用陳氏之說法。頁 1228。

君王，「在下」爲臣民。以爲在上的君王如果能夠光明、公開（宣），則在下的臣民必定受到感化。拆解成二個意思，又將「化」的意思強加在「赫赫」一句中。

　　（3）賦予新解的斷章引用

　　這一類的引用常以「稱引」的方式出現，如〈勸學篇〉云：「故不登高山，不知天之高也；不臨深淵，不知地之厚也；不聞先王之遺言，不知學問之大也。干、越、夷、貉之子，生而同聲，長而異俗，教使之然也。《詩》曰：『嗟爾君子，無恒安息。靖恭爾位，好是正直。神之聽之，介爾景福。』神莫大於化道，福莫長於無禍。」〈小雅·小明〉末章原意爲奉勸在上位者（君子），不要長久處於安閒的狀態下，要勤謹於自己的職位，與正直之人爲友，謹慎的聽從，才會求得大福。「神」或作「謹慎」或作「神明」解釋，[20]並沒有荀子在這裡用作「神化」一種最高的精神境界解釋，顯然與原意不同。[21]

　　〈正論篇〉云：「故主道利明不利幽，利宣不利周。故主道明則下安，主道幽則下危……故主道莫惡乎難知，莫危

---

20 屈萬里《詩經詮釋》用《爾雅·釋詁》：「神，慎也。」的解釋，頁 400。黃師忠慎《詩經簡釋》以爲或作「神明」解釋，或作「謹慎」解釋都可以。頁 452。

21 北大哲學係編著《荀子新注》（台北：里仁書局，1983 年，頁 2）云：「『神』，這裡只最高的精神境界。《詩》中所謂神，指神靈，荀子引《詩》對於神作了新的解釋。」又整理《荀子》書中部分專用的名詞意義，在「神」字一條下說：「在《荀子》一書中不是只上帝鬼神，而是指最妙的變化，最好的治理和最高的智慧……〈勸學篇〉中說：『神莫大於化道。』『積善成德，而神明自得，聖心備焉。』這裡的神，就是指最高的智慧。」頁 628。

乎使下畏己。《傳》曰:『惡之者眾則危。』《書》曰:『克明明德。』《詩》曰:『明明在下。』故先王明之,豈特宣之耳哉!」〈大雅‧大明〉「明明在下」如前云是稱美文王之德在人間(在下)光明昭顯(明明)的樣子,荀子引這句詩的用意卻在說明臣民的守法、親上,是因為君主政令措施的公開明白。所謂「明明」成了形容先王執政的政策、態度光明顯露,[22]而非形容德行的光明。其他如以君上對臣下、人民的關係解釋〈小雅‧采菽〉「平平左右,亦是率從。」二句;以「仁義」解釋〈曹風‧尸鳩〉「淑人君子,其儀不忒,其儀不忒,正是四國。」的「儀」字;以賢、不肖之間的等級易位說〈小雅‧十月之交〉「高岸為谷,深谷為陵。」二句;以文化知識對於人的作用解釋〈衛風‧淇奧〉「如切如磋,如琢如磨。」二句;以不與小人相處說〈小雅‧無將大車〉「無將大車,維塵冥冥。」二句。[23]

(4)偏離原詩義的斷章引用

基本上「斷章取義」式的引用本來就會偏離原有的意義,如前各小節中所舉之例。但本節所謂「偏離原詩義」,指荀

---

22 〈正論篇〉開頭云:「世俗之為說者曰:『主道利周。』是不然。主者,民之唱也;上者,下之儀也。彼將聽唱而應,視儀而動。唱默則民無應也,儀隱則下無動也。」楊倞《注》云:「周,密也。謂隱匿其情,不使下知也。世俗以為主道利在如此也。」王先謙《荀子集解》(北京:中華書局,1996 年),頁 321。底下又以「上宣明則下治辨」、「上端誠則下愿愨」與「上周密則下疑玄」、「上幽險則下漸詐」相對比。可見得荀子欲闡釋的道理在說明君主治理國家的方法,要公開明白,不隱蔽。

23 荀子對〈小雅‧采菽〉二句引用見〈儒效篇〉;〈曹風‧鳲鳩〉四句見〈議兵篇〉〈小雅‧十月之交〉二句見〈君子篇〉;〈衛風‧淇奧〉及〈小雅‧無將大車〉二句見〈大略篇〉。

子在引用這些詩句時，作了絕大幅度的擴張，使這些詩句脫離原有意義太遠，與上述又有不同。如〈君道篇〉云：「職分而民不慢，次定而序不亂，兼聽齊明而百事不留。如是，則臣下百吏至於庶人莫不修己而後敢安止……故天子不視而見，不聽而聰，不慮而知，不動而功，塊然獨坐而天下從之如一體，如四肢之從心，夫是之謂大形。《詩》曰：『溫溫恭人，維德之基。』此之謂也。」說職位明確則人民不怠慢，等級確定則秩序不亂，聽取各方面的意見且明察一切事物，則一切事情都能及時處理而不拖沓。然後說天子不必看、聽、思慮、動作就可以使事情成功。又以比喻的方式說明人君只要任用賢人就可以不必親自去做事也能收到好的效果，如同四肢聽從心的支配一樣。

〈大雅・抑〉二句原為衛武公用以自警的句子，指溫良而寬厚柔順是君子立德的根本。本為形容君子寬厚柔順恭敬的態度，在這裡卻成了說明在上位者兼聽齊明，達到一種「至道」的表現，所謂「至道大形」，最高的治理國家之道充分的表現出來，就是這種「溫溫恭人」的寬厚柔順的樣子。只要靜靜的坐著便可以治理天下國家。偏離原本詩義太遠。

又如〈禮論篇〉云：「故曰：天地合而萬物生，陰陽接而變化起，性偽合而天下治。天能生物，不能辨物也；地能載人，不能治人也；宇中萬物、生人之屬，待聖人然後分也。《詩》曰：『懷柔百神，及河喬嶽。』此之謂也。」〈周頌・時邁〉「懷柔百神，及河喬嶽。」原意為稱美周王能為安慰

百神,連河嶽之靈也歡欣。[24]荀子在這裡的用法卻是比喻聖人能治理萬物,所謂世界上的萬物和人類,必須依靠聖人制定禮法,然後才能各得其位。就好像聖人對上能安撫百神,對下又能治理山川河嶽萬物之屬。偏離原詩義太遠。

雖然荀子引用《詩句》不是以詮釋《詩》意為目的,且大多以斷章取義的方式,或增己意、或賦予新意、或取表面意等等,但從以上的分析可見出荀子對《詩》句的使用並非天馬行空式的自由運用,仍會關注原《詩》句表面的意義,從第一點除去特定歷史背景而使用表面意義的例子最多可以為證。雖然斷章取義的結果往往是造成對原《詩》意的偏離與多意的解說,增加後人瞭解這些《詩》句原有的意義之負擔,而且會模糊後人對原《詩》句解釋的焦點,但就另一方面而言,也是豐富了原有《詩》句的內容,不僅維持文化連續性的功能,更創造新的解釋傳統。[25]

(二) 就荀子本身的文章言

就《荀子》一書引用的方式而言,多以「運用」為主,這種運用的目的仍以證明或說明自己的論點為主,如〈大略篇〉云:「諸侯召其臣,臣不俟駕,顛倒衣裳而走,禮也。《詩》曰:『顛之倒之,自公召之。』天子召諸侯,諸侯輦輿就馬,禮也。《詩》曰:『我出我輿,于彼牧矣。自天子所,謂我來矣。』」連用〈齊風·東方未明〉〈小雅·出車〉

---

24 〈詩序〉:「時邁,巡守告祭柴望也。」《鄭箋》:「巡守告祭者,天子巡行邦國,至於方嶽之下而封禪也。」《齊詩》《魯詩》的看法亦同。
25 吳萬鐘:〈先秦引詩用詩與毛詩的解釋〉,頁 143。

二詩為自己「顛倒衣裳而走」、「輦輿就馬」二說做證明。類似這種用《詩》為證的方式在《荀子》一書中極多，非本節所欲考察的重點。在肯定了荀子引用《詩》句的目的後，本節欲進一步說明的是，荀子在引用這些《詩》句後，以哪一種方式證明他的論點。反過來說，即這些《詩》句以何種方式為荀子的論點作證明。這牽涉到二方面，即引用者與被引用者之間的關係，而且二者間有不可分的關係。如引用者若欲比喻的方式說明自己的道理，則被引用的《詩》句除了被賦予「比喻」的功能外，被引用者本身也一定具有「比喻」的特質，才可能達成引用者所託付的目標。否則，將產生引用錯誤或詞不達意的結果，對於後來的讀者也產生閱讀上、解釋上的障礙。因此，所謂引用方式，其實也是被引用《詩》句本身具有的某種特質說明。透過引用方式的整理與說明，我們可以找出屬於荀子引用《詩》句的方式之外，也藉此看出荀子的引用方式對他的文章產生哪些作用。透過簡單的歸納整理，大約可以分為三種證明的方式：

　　1.直言式的證明：如上舉之例，《詩》句表面的意義與荀子自己所要闡述的道理相同，屬於最直捷的「直言式」。也是荀子最常運用的說明方式，實例極多，不再遍舉。

　　2.原則式的證明：所謂原則式的證明，意指荀子引用《詩》句作為自己論點的總原則說明，即這些《詩》句本身就具有「原則性」的特質。如〈修身篇〉云：「凡用血氣、志意、知慮，由禮則治通，不由禮則勃亂提僈……故人無禮則不生，事無禮則不成，國家無禮則不寧。《詩》曰：『禮儀卒度，笑語卒獲。』此之謂也。」用〈小雅・楚茨〉「禮儀卒度，

笑語卒獲。」二句作爲總結性的原則說明，而「禮儀卒度，
笑語卒獲。」二句本來就有原則說明的性質，故而同樣的句
子亦出現在〈禮論篇〉。[26]又如〈不苟篇〉云：「**君子行不
貴苟難，說不貴苟察，名不貴苟傳，唯其當之爲貴。**」後舉
申徒狄、惠施與鄧析、盜跖三類人作爲行爲、言說、名聲三
種行爲方式都不符合禮義，卻得以流傳後世的反面例子，後
引〈小雅・魚麗〉「物其有矣，唯其時矣。」爲證，說明君
子不做不符合禮義的行爲（苟難、苟察、苟傳），而是以合
時宜的行爲爲指導原則。「物其有矣，唯其時矣。」雖然表
面上只說「物」，荀子卻引身爲「事物」（包括行爲），以
合時宜作爲一總的原則說明，也因爲「物其有矣，唯其時矣。」
類似的例子尙有：〈大雅・抑〉「溫溫恭人，維德之基。」、
〈大雅・抑〉「無言不讎，無德不報。」、〈小雅・魚麗〉
「物其指矣，唯其偕矣。」等，這些《詩》句本身便具有一
種開放性的特質，沒有特指的對象，而且都有原則性的描述
作用。因此在《荀子》書中一再的出現，即使說明的對象不
同，仍然不影響這句子的「原則」性說明功能。[27]

26　〈禮論篇〉云：「禮者，以財物爲用，以貴賤爲文，以多少爲異，以隆
　　殺爲要……故厚者，禮之積也；大者，禮之廣也；高者，禮之隆也；明
　　者，禮之盡也。《詩》曰：『禮儀卒度，笑語卒獲。』此之謂也。」
27　〈大雅・抑〉「溫溫恭人，維德之基。」出現在〈不苟篇〉，引用欲說
　　明的爲君子「寬而不僈，廉而不劌，辯而不爭，察而不激，直立而不剝，
　　堅彊而不暴，柔從而不流」的中和溫順之德行；〈非十二子篇〉引用欲
　　說明君子：「不誘於譽，不恐於誹，率道而行，端然正己，不爲物傾側。」
　　的道德修養；〈大雅・抑〉「無言不讎，無德不報。」出現在〈富國篇〉
　　是說明在上位的君主做什麼事，就一定得到相應的報應。對現實「臣或
　　弒其君，下或殺其上，粥其城，背其節，而不死其事」的情形，都是「人
　　主自取之」的亂象做一針貶；出現在〈致士篇〉乃作爲說明當老師的人
　　若教導的好，學生有通達順利之時，則會思念老師的好處（弟子通利則
　　思師）。

3. 比喻式的證明：相對於直言式或原則式的說明某一道理，比喻式的說明較爲活潑，也能讓讀者印象深刻，接受的程度也提高。同樣的，荀子引用的這些句子都具有比喻的性質，如〈非相篇〉先列舉人有三不祥：「幼而不肯事長，賤而不肯事貴，不肖而不肯事賢。」三必窮：「爲上不能愛下，爲下好非其上；鄉則不若，背則謾之；知行淺薄，曲直有以相縣矣，然而仁人不能推，知士不能明」後云：「人有此三數行者，以爲上則必危，爲下則必滅。《詩》曰：『雨雪瀌瀌，宴然聿消。莫肯下隧，式居屢驕。』此之謂也。」以〈小雅・角弓〉雪下的很大，但經過太陽一照射，很快就融化的比喻，說明有這些三不祥、三必窮的人們處境之危險。又如〈儒效篇〉解說那些無益於理的詭辯之說（奸道），舉名家「離堅白」、「合同異」之說爲例，以爲：「不知，無害爲君子；知之，無損爲小人。工匠不知，無害爲巧；君子不知，無害爲治。王公好之則亂法；百姓好之則亂事……《詩》曰：『爲鬼爲蜮，則不可得。有靦面目，視人罔極。作此好歌，以極反側。』此之謂也。」引〈小雅・何人斯〉的比喻：你若是個鬼、蜮（一種害人的動物），自然無法看清你的面目。可是你有臉又有眼睛，人們終究會看清你的真相。說明這種只會玩弄文字遊戲的詭辯技巧，終究會被人們所厭棄。這一個比喻也同樣出現在〈正名篇〉，說的仍是對事物的「名」應當符合客觀的「實」，不可玩弄名詞，藉此眩惑人民，因爲這種舉動終將被人所識破。其他如以〈小雅・鶴鳴〉「鶴鳴於九皋，聲聞於天」喻君子雖居隱而名顯；以逸詩「如霜雪之將將，如日月之光明，爲之則存，不爲則亡」喻禮法作

用的重大，關係國家的存亡；以〈小雅・十月之交〉「高岸
爲谷，深谷爲陵。」喩上下等級地位的變易；以〈小雅・無
將大車〉「無將大車，維塵冥冥。」喩與小人相處的遭遇等
等，[28]可見荀子對《詩經》靈活的運用。

　　另一種比喩式的說明爲荀子本身運用比喩的方式，但
《詩》句卻沒有比喩的性質。這一類比喩的《詩》句內容多
帶有歷史典故，如〈仲尼篇〉說明爲人臣下若要「持寵、處
位、終身不厭之術」（保持尊寵、保持職位，不讓君主厭棄
的方法）：「主尊貴之，則恭敬而傅；主信愛之，則謹慎而
嗛；主專任之，則拘守而詳；主安近之，則慎比而不邪；主
疏遠之，則全一而不背……《詩》曰：『媚茲一人，應侯順
德。永言孝思，昭哉嗣服。』此之謂也。」以〈大雅・下武〉
武王對文王事業的繼承、絕對的忠誠，[29]比喩爲人臣下對君
上的態度。又如以〈大雅・蕩〉「匪上帝不時，殷不用舊。
雖無老成人，尚有典型。曾是莫聽，大命以傾」比喩弟子若
不順服各種法度、事例，則處罰他們是應該的，如同殷紂王
不尚法典型，終究導致滅亡；以〈周頌・天作〉「天作高山，
大王荒之。彼作矣，文王康之」比喩王者對天地間種種事物
當加以治作，以養百姓；以〈商頌・長發〉「武王載發，有

28　〈小雅・鶴鳴〉「鶴鳴於九皋，聲聞於天。」之喩見〈儒效篇〉；「如
　　霜雪之將將，如日月之光明，爲之則存，不爲則亡。」之喩見〈王霸篇〉；
　　〈小雅・十月之交〉「高岸爲谷，深谷爲陵。」之喩見〈君子篇〉；〈小
　　雅・無將大車〉「無將大車，維塵冥冥。」之喩見〈大略篇〉。
29　《詩序》：「下武，繼文也。武王有聖德，復受天命，能昭先人之功焉。」
　　「媚茲一人，應侯順德。永言孝思，昭哉嗣服。」的解釋爲：「（人民）
　　愛戴武王（一人），武王修德更謹慎，孝敬之思永不竭盡，光明的繼承
　　先人事業（指伐紂）。

虔秉鉞。如火烈烈，則莫我敢遏」比喻仁人治國，對於想要
與他爲敵的國家，應當如商湯伐夏桀時，氣勢勇武，無人敢
擋；以〈周頌・時邁〉「懷柔百神，及河喬嶽」比喻世界上
的萬物必須依靠聖人制定禮法才能各得其位，如同周武王能
安慰百神，及山河之靈；如〈小雅・大東〉「周道如砥，其
直如矢。君子所履，小人所視。眷焉顧之，潸焉出涕」以西
周時東國人民久處於賦役繁重的痛苦，比喻現在教化混亂、
刑罰繁多的政治現況。30

　　無論是直言式、原則式或比喻式的證明，透過引《詩》
用《詩》的方式來解說自己的論點，就荀子自己來說已將《詩

---

30 「匪上帝不時，殷不用舊。雖無老成人，尚有典型。曾是莫聽，大命以
傾。」的比喻見〈非十二子篇〉。〈大雅・蕩・序〉云：「召穆公傷周
室大壞也。厲王無道，天下蕩蕩，無綱紀文章，故作是詩也。」這一段
原文爲：「文王曰：『咨！咨女殷商。匪上帝不時……大命以傾。』」
以文王之口說出殷商所以亡天命的原因在於不用舊臣、不遵循舊典；「天
作高山，大王荒之。彼作矣，文王康之。」之喻出現在〈王制篇〉。〈天
作・序〉：「祀先公先王也。」朱子《詩集傳》：「此祭大王之詩。」
「作」，《毛傳》解釋爲「生」，「荒」，榆樾《群經評議》：「荒有
者，亦奄有之也。」「康」，屈萬里《詩經詮釋》：「康，安也；謂修
治之使人安居也。」頁 560；「武王載發，有虔秉鉞。如火烈烈，則莫
我敢遏。」之喻出現在〈議兵篇〉，〈商頌・長發・序〉：「大禘也。」
《鄭箋》：「大禘，郊禘天也。」黃師忠慎《詩經簡釋》云：「此詩的
重點在商湯，雖然由商之發祥敘起，但所歷述的先世非祭祀的對象，應
該還是祭祀成湯的一篇作品。」頁 712。所謂「武王」指成湯；「懷柔
百神，及河喬嶽。」之喻出現在〈禮論篇〉。〈周頌・時邁・序〉：「巡
守告祭柴望也。」《鄭箋》：「巡守告祭者，天子巡行邦國，至於方嶽
之下而封禪也。」「懷柔」二句本爲祭祀山川百神之意，但荀子取其表
面意，比喻聖人能治理萬物，連百神、河嶽之神都能安撫之；「周道如
砥，其直如矢。君子所履，小人所視。眷焉顧之，潸焉出涕。」之喻出
現在〈宥坐篇〉，〈小雅・大東・序〉：「刺亂也。東國困於役而傷於
財，譚大夫作是詩以告病焉。」

經》「工具化」了。若從這些《詩》句在文章脈絡中的位置
而言，更能突顯出《詩經》對《荀子》一書的作用，即當作
權威來證明自己的論說。在本文尚未進行之前，已經區分了
「運用」與「稱引」的區別，透過統計整理指出「稱引」之
處共十八次，[31]但若就實際內容分析，則「稱引」之後，對
於《詩》句的解說，多用一二句概括式的總說，解釋所「稱
引」的《詩》句，如〈解蔽篇〉引逸詩：「墨以爲明，狐狸
而蒼。」後云：「此言上幽而下險也。」〈宥坐篇〉引〈小
雅・節南山〉「尹氏大師，維周之氏。秉國之均，四方是維，
天子是庳，卑民不迷。」六句後云：「是以威厲而不試，刑
錯而不用，此之謂也。」真正針對句中每一字句作詳細解說
的，只有三處。[32]而屬於「運用」之處的例子，通常被「運

---

31 《荀子》稱引《詩》句之處有：〈勸學篇〉引〈小雅・小明〉「嗟爾君
　子，無恒安息。靖恭爾位，好是正直。神之聽之，介爾景福。」、〈曹
　風・鳲鳩〉「鳲鳩在桑，其子七兮。淑人君子，其儀一兮，其儀一兮，
　心如結兮。」；〈不苟篇〉引〈小雅・裳裳者華〉「左之左之，君子宜
　之；右之右之，君子有之。」〈儒效篇〉引〈小雅・采菽〉「平平左
　右，亦是率從。」；〈王霸篇〉引〈大雅・文王有聲〉「自東自西，自
　南自北，無思不服。」；〈正論篇〉引〈大雅・大明〉「明明在下。」；
　〈禮論篇〉引〈大雅・泂酌〉「愷悌君子，民之父母。」；〈解蔽篇〉
　引逸詩：「鳳凰秋秋，其翼若干，其聲若簫，有鳳有凰，樂帝之心。」、
　〈周南・卷耳〉「采采卷耳，不盈頃筐。嗟我懷人，寘彼周行。」、逸
　詩：「墨以爲明，狐狸而蒼。」、〈大雅・大明〉「明明在下，赫赫在
　上。」；〈大略篇〉引〈齊風・東方未明〉「顛之倒之，自公召之。」、
　〈小雅・魚麗〉「物其指矣，唯其偕矣。」、〈小雅・綿蠻〉「飲之食
　之，教之誨之。」、〈小雅・板〉「我言維服，勿用爲笑。先民有言，
　詢于芻蕘。」、〈衛風・淇奧〉「如切如磋，如琢如磨。」、〈小雅・
　無將大車〉「無將大車，維塵冥冥。」；〈宥坐篇〉引〈小雅・節南山〉
　「尹氏大師，維周之氏。秉國之均，四方是維，天子是庳，卑民不迷。」
32 此三處爲：〈解蔽篇〉引〈周南・卷耳〉「采采卷耳，不盈頃筐。嗟我
　懷人，寘彼周行。」後云：「頃筐易滿也，卷耳易得也。然而不可以貳

用」的《詩》句，都擺在文章段落的最後，作爲小結或總結式的證明，這些句子的意思成了不言自明的道理，而他們的道理就在荀子之前的論述中。因此，經典被工具化的例證，在《荀子》一書中作了最好的證明。

四、荀子對《詩經》的詮釋觀

從《荀子》三十二篇篇名，其實就可探知《荀子》一書的主要思想，重視修身，如〈修身〉〈不苟〉〈儒效〉等篇。重視治國如〈王制〉〈富國〉〈致士〉〈議兵〉〈強國〉等篇。重視禮義教化對人民的作用，如〈禮論〉〈樂論〉〈榮辱〉等篇。重視「名」與「實」的關係，因此對言說的辯證特別提出，如〈非十二子〉〈正名〉等篇。荀子在闡述自己的論說引用《詩》句，爲自己的論理證明時，其實也賦予了這些《詩》句新的內容、新的解釋，而這些新的內容、解釋就代表荀子個人的詮釋觀。荀子對《詩經》的詮釋觀也圍繞在修身、禮義教化及治理國家三方面，而這三方面彼此之間也有著密不可分的關係。以上爲從內容的分析而言。若從說明的方式上分析，則荀子在詮釋的方法上，多圍繞在具體與普遍之間，即透過具體事件的例證，說明普遍的原理原則，或是以普遍的原理原則爲具體的例證說明。以下則區分這二

周行，故曰：『心枝則無知，傾則不精，貳則疑惑。』」；〈大略篇〉引〈小雅・魚麗〉「物其指矣，唯其偕矣。」後云：「不時宜，不敬文，不驩欣，雖指，非禮也。、引〈衛風・淇奧〉「如切如磋，如琢如磨。」後云：「謂學問也。和之璧，井里之厥也，玉人琢之，爲天子寶。子贛、季路，故鄙人也，被文學、服禮義，爲天下列士。」

方面，試圖解說荀子對《詩經》的詮釋觀點。

（一）就內容的詮釋觀點

　　修身、禮義（教化）、國政三者為荀子關注的議題，而荀子在闡述三者其中之一時，往往又會連及其餘二者。因為這三者間具有一種內在的關連，如荀子在討論修身的問題時，作為修身的實際內容之一便是「禮義」或「禮法」。如〈修身篇〉中引〈大雅·皇矣〉「不識不知，順帝之則」二句之前云：「禮者，所以正身也；師者，所以正禮也……故學也者，禮法也。」〈不苟篇〉引〈小雅·魚麗〉「物其有矣，唯其時矣」二句之前引申徒狄、惠施與鄧析、盜跖三類人為行為、言說、名聲皆不符合禮義。因此在每一例證後都說：「君子不貴者，非禮義之中也。」類似的例子如〈勸學篇〉、〈不苟篇〉、〈天論篇〉。[33]實際上禮義的作用對個人，對國家都有一定的作用，所以荀子在敘述有關「禮義」的作用時，常常連著個人、國家而言。如〈修身篇〉云：「故人無禮則不生，事無禮則不成，國家無禮則不寧。《詩》曰：『禮儀卒度，笑語卒獲。』此之謂也。」〈致士篇〉云：「刑政平而百姓歸之，禮義備而君子歸之。故禮及身而行修，義

---

[33] 〈勸學篇〉以「匪交匪舒，天子所予。」說明君子有謹順的態度，故而得到天子的賞賜。而這種態度源於只作合於禮法的事；〈不苟篇〉以「左之左之，君子宜之；右之右之，君子有之。」說明君子當「以義變應，知當曲直。」故而引文後又說：「此言君子能以義屈信變應故也。」；〈天論篇〉引「禮義之不愆兮，何恤人之言兮？」說明「天有常道，地有常數矣，君子有常體矣。」以「禮義」做為君子的常體，君子的行為規範準則。

及國而政明，能以禮挾而貴名白……《詩》曰：『惠此中國，以綏四方。』此之謂也。」除了以「禮」或「禮義」解說《詩》句，也關係著個人的修養、國家的政治討論，可見荀子對禮義的作用的重視。

圍繞著禮義的還有教化的作用，如〈議兵篇〉云：「百姓曉然皆須循上之法，像上之志而安樂之。於是有能化善、脩身、正行、積禮義、尊道德，百姓莫不貴敬，莫不親譽……暴悍勇力之屬為之化而愿，旁辟曲私之屬為之化而公，矜糾收繚之屬為之化而調，夫是之謂大化至一。《詩》曰：『王猷允塞，徐方既來。』此之謂也。」說明當教化功能發揮至極致時，則遠方之人民會前來歸順。而教化的具體內容則是禮義、道德。

其實荀子引用《詩》句來說明的對象，以攸關國家政治措施，行政作為的國政為主，大約有三十五處。在這麼多說明政治措施的具體例證中，或者強調執政者政令公開透明，或者強調在上位者制作、養民之作用，或者強調區分上下等級之別，[34]「禮義」教化的功能仍為其中一主要內容之一。

---

34 強調執政者政令公開透明，如〈正論篇〉〈解蔽篇〉各引〈大雅‧大明〉「明明在下。」說明在上位者執政態度、政策要公開；或者強調在上位者制作、養民之作用，如〈王制篇〉引〈周頌‧天作〉「天作高山，大王荒之。彼作矣，文王康之。」〈富國篇〉引〈小雅‧黍苗〉「我任我輦，我車我牛。我行既集，蓋云歸哉。」及〈大雅‧棫樸〉「雕琢其章，金玉其相，亹亹我王，綱紀四方。」、〈禮論篇〉引〈周頌‧時邁〉「懷柔百神，及河喬嶽。」說明天生萬物，待聖人制作以養民，然後才可以使天下間事事物物得到最好的安排；強調區分上下等級之別，如〈非相篇〉引〈商頌‧長發〉「受小共大共，為下國駿蒙。」、〈儒效篇〉引〈小雅‧采菽〉「平平左右，亦是率從。」說明上下之間職權、名稱都需明確不混亂，則國家政治才能上軌道。

如〈君道篇〉云：「上好禮義，尚賢使能，無貪利之心，則下亦將慕辭讓，致忠信……敵國不待服而詘，四海之民不待令而一，夫是謂至平。《詩》曰：『王猷允塞，徐方既來。』此之謂也。」在上位者若能好禮義、任用賢能，則遠方之國亦歸順之。〈儒效篇〉云：「其為人上也，廣大矣！致意定乎內禮節脩乎朝，法則、度量正乎官，忠、信、愛、利行乎下……此君義信乎人矣，通於四海，則天下應之如讙……《詩》曰：「自東自西，自南自北，無思不服。」此之謂也。」說明在上位的人用禮節治民，重信義，則可以威服四海。

　　就內容上的分析，可以說明荀子在引用這些《詩》句之前，其實已經先入為主的用禮義、政教的觀點來看待這些句子，這也就是所謂詮釋之前就已經存在的「前理解」，是荀子個人深處當時的歷史文化背景影響下所產生的一種詮釋觀點。[35]無論是用這些句子解說修身、禮義教化、政治措施，其實都圍繞在「禮義」的原則下，由「禮義」（禮法）的作用影響著個人、社會、國家三個面向，因為在荀子心目中的「禮義」（禮法）就是聯繫著個人、社會、國家三者間最重要的一條線。依照這一條線索而推演的理論、學說，便貫串在《荀子》三十二篇中，故而在引用經典以論證學理時，已

---

35 黃俊傑：〈從儒家經典詮釋史觀點論解經者的「歷史性」及其相關問題〉提出解經者有所謂「歷史性」的問題，黃氏云：「所謂解讀者的『歷史性』，是指：任何經典解讀者都不是，也不可能成為一個空白『無自主性』的主體。經典解釋者就像任何個人一樣地生存於複雜的社會、政治、經濟、歷史文化的網路之中，他既被這些網路所制約，又是這些網路的創造者……因為這些網路因素都是長期的歷史的積澱所構成的，所以，我們簡稱為『歷史性』。」頁8。

經先預設了他個人的立場，這也是他個人的基本詮釋觀點。

（二）方法上的詮釋觀點

近人黃俊傑研究儒家經典中常存在一種具體性的歷史事實敘述，與抽象性的普遍理則論證，二者間互相滲透，密切結合。而且論證的方式常以具體的歷史事實論述抽象的普遍理則，由個別具體提煉出普遍抽象原理的論證方式。[36]《荀子》也存在這種明顯的論證方式，但是當引用的《詩》句成了他論證的工具，且擺在文章脈絡中最後的位置時，儒家諸子以個別具體論證普遍抽象的論證方式，在《荀子》中成了相反的論述方向，是以抽象論證具體。如荀子在〈君道篇〉引〈大雅·常武〉「王猶允塞，徐方既來。」論證在上位者治理國家行政之術，在上位者若能好禮義、尙賢使能、致忠信，就能達到如周宣王親征徐國，徐國來歸順一般的「至平」狀態。同樣的句子出現在〈議兵篇〉，論證的是在上位者若能慶賞刑罰得宜，施行禮義教化，則百姓當如徐國歸順周國般，歸順上位者。用的都是具有歷史背景、典故的篇章，論證的事項都是抽象的治國、爲君之術。雖然論述的對象有差異，但不妨礙我們對荀子論證內容的理解，且論證的過程則屬由普遍到具體的方向。

又如〈王制篇〉以〈周頌·天作〉「天作高山，大王荒

---

36 黃俊傑：〈儒家論述中的歷史敘述與普遍理則〉，頁 1-24。黃氏以爲儒家諸子的歷史感最爲深厚，在各家的歷史敘述中基本上是抽取普遍理則的一種手段，有一種將歷史學轉化爲道德學的傾向，轉化的方法就是從具體性以論抽象性。黃氏稱這種思維方爲「具體性思維方式」。

之。彼作矣,文王康之。」論證君王、聖人的制作萬物以養
民之功勞,如同古公亶父與周文王開墾荒地、治理萬物,使
人民得到安居。〈天論篇〉討論的是人為制作的作用,批評
治亂取決於天的宿命思想,提出他所謂「制天命而用之」的
著名論點,仍以「天作高山,大王荒之。彼作矣,文王康之。」
具體的歷史個別事實論證抽象的制天命論點,由抽象走回具
體的詮釋方式。

　　類似的論證不少,而且荀子也擅長用這些具有明顯的歷
史背景《詩》句進行論證。[37]但這種以具體歷史事實論證抽
象思想、學說的論證方式,引人注意的是有關於詮釋上的另
一種問題,即詮釋者與被詮釋的經典之間本來就有的一種「語
言性」與「脈絡性」的「斷裂」。[38]這種「斷裂」與「歷史

---

37 《荀子》書中飲用具有明顯歷史背景、典故的《詩》句記有三十九處:
　〈大雅·抑〉出現在〈不苟篇〉、〈非十二子篇〉、〈富國篇〉、〈君
　道篇〉、〈臣道篇〉、〈致士篇〉共六次;〈商頌·長發〉出現在〈榮
　辱篇〉、〈臣道篇〉、〈議兵篇〉共三次;〈大雅·常武〉出現在〈非
　相篇〉、〈君道篇〉、〈議兵篇〉共三次;〈大雅·文王有聲〉出現在
　〈儒效篇〉、〈王霸篇〉、〈議兵篇〉共三次;〈小雅·角弓〉出現在
　〈儒效篇〉、〈非相篇〉共二次;〈小雅·節南山〉出現在〈富國篇〉、
　〈宥坐篇〉共二次;〈大雅·大明〉出現在〈正論篇〉、〈正名篇〉共
　二次;〈周頌·天作〉出現在〈王制篇〉、〈天論篇〉共二次;〈小雅·
　十月之交〉出現在〈正論篇〉、〈君子篇〉共二次。其餘有〈大雅·蕩〉
　出現在〈非十二子篇〉;〈大雅·下武〉出現在〈仲尼篇〉;〈大雅·
　桑柔〉出現在〈儒效篇〉;〈大雅·棫樸〉、〈小雅·黍苗〉、〈周頌·
　執競〉都出現在〈富國篇〉;〈大雅·文王〉出現在〈君道篇〉;〈大
　雅·烝民〉出現在〈彊國篇〉;〈周頌·時邁〉出現在〈禮論篇〉〈齊
　風·東方未明〉、〈小雅·出車〉、〈衛風·淇奧〉都出現在〈大略篇〉;
　〈小雅·大東〉出現在〈宥坐篇〉。

38 「語言性」與「脈絡性」的「斷裂」說,為黃俊傑於〈從儒家經典詮釋
　史觀點論解經者的「歷史性」及其相關問題〉頁 8 提出。所謂「語言性
　斷裂」只經典所運用的語言與解經者使用的語言不同,「脈絡性的斷裂」

性」有關，所謂「歷史性」包括了經典的歷史性與詮釋者的歷史性。近人黃俊傑以為「歷史性」是開發經典中潛藏的涵義的催化劑，而以這種「歷史性」解釋經典的方式可區分為二種：第一種為將經典作者的歷史脈絡加以突顯化、具體化，使經典作者的意向昭然若揭；第二種為經典解讀者以他自己的「歷史性」照映經典的文義，使經典中潛藏的涵義成為外顯的涵義。[39]荀子較接近第二種詮釋方式，但是又有不同。

　　不論語言性或歷史性的「斷裂」，荀子身處的時代與《詩經》作者的時代接近，因此，斷裂的問題不大。但是我們可以發現荀子在引用這些《詩》句時，是有意的忽視這些具有歷史性背景的意義，而取其表面義。如上述同樣引〈周頌・天作〉及〈大雅・常武〉相同的句子，卻有不同的釋義內涵。這種忽視具體「歷史性」的「斷裂」顯然是有意的選用，而這種忽視經典「歷史性」造成的斷裂，又與詮釋者（荀子）的「歷史性」有關。荀子以他戰國時代特有的時代背景、思想氛圍的「歷史性」解讀《詩經》，故意忽略了《詩經》的「歷史性」，將《詩經》中潛藏的涵義突顯出來，外化出來。

只經典本身處在一具體的歷史背景中，解經者也身處一特定歷史背景中，二者間因脈絡不同而產生種種差異。黃氏「斷裂」之說今人有不同意見，在 2000 年 3 月 17 日臺灣大學舉辦的「中國經典詮釋學的方法論問題學術座談會」上引發討論，張旺山、李紀祥質疑是否有所謂「斷裂」的問題，及何謂「斷裂」？如何克服？方克濤、劉述先以為用「斷裂」一詞太強烈。〈中國經典詮釋學的方法論問題學術座談會紀錄〉，中央大學《人文學報》第 21 期（2000 年 6 月），頁 437-468。
39 氏著：〈從儒家經典詮釋史觀點論解經者的「歷史性」及其相關問題〉，頁 10。

參、小結及相關問題

　　《荀子》引《詩》用《詩》多達八十三次，其中又以〈大雅〉〈小雅〉的次數最多，若從引用的容去檢視，其實已經透露出荀子對於《詩經》的基本詮釋觀點。「禮義」、「儀」、「淑人君子」、「德」、「天子」、「四方」、「教之誨之」、「王土」、「王臣」、「四國」、「禮儀」等等，從這一組組的字彙、詞彙中可以追尋出荀子關注的重點，圍繞在教化禮儀、政治治術、德行修養等議題上，都是荀子針對當時歷史社會環境所提出的改進政策、方針，寄託他個人的理想、學說。因此，在引用這些《詩》句時也灌注了屬於他個人的理解，然後詮釋出新的意涵。雖然在詮釋之前已帶有特殊的詮釋觀點，但是從以上各節的分析，可以得知荀子並沒有脫離《詩》句意義太遠，雖然斷章取義的選用《詩》句，也賦予新的解說，但是在詮釋的過程中荀子始終是關照著《詩》句字面上的意義，依此發揮，沒有偏離太遠。

　　從以上各節的分析也可以得到另一種印象，即荀子對於三百篇的關注。在說理時習慣性的引用這些詩句，不止傳達了他的學說，同時也對《詩經》的傳承起了重要作用。即在發揮自己學理、主張的同時，也保留了、宣揚了《詩經》這一門學術，對於《詩經》學的傳承、流衍發揮具體的作用。另一方面，從荀子對於《詩經》的基本詮釋觀點中也可見出荀子的「《詩》教」觀，與孟子《詩》教觀的差別。孟子注

重「仁德」、「興發」的《詩》教觀,[40]而荀子則更注重《詩》對於國家政治、社會風化的實際影響,不是從「感發志意」的內在啓發來解說三百篇。雖然如此,並不代表說荀子不注重《詩》教,或是荀子忽略了《詩》教。

---

40 關於孟子的《詩》教觀,參見唐傳基:〈孟子七篇與詩教〉(熊公哲等著:《詩經研究論集》,台北:黎明文化事業公司,1981年),頁205-209。唐氏以爲孟子的《詩》教觀以「仁德」爲中心,發揮孔子「溫柔敦厚」的《詩》教說。近人蔣年豐(1955-1996)則從「興」的觀點闡發孟子的《詩》教觀,以爲孟子的「知言養氣」、「浩然之氣」、「《詩》亡然後《春秋》作」等學說都能從「興」(感發志意,豁醒或興起人的真實生命)來解說,也最能發揮孔子的《詩》教中:「《詩》可以興」、「興於《詩》」、「仁心即興」的精神。氏著:《文本與實踐(一)》(台北:桂冠圖書,2000年),頁177-202。

第二章 論《毛詩李黃集解》李樗對王安石解《詩》的接受

壹、前　言

　　《毛詩李黃集解》雖爲集李樗與黃櫄二人的解《詩》之作，除了體例上的特殊外，書中充斥著對部分北宋學者解《詩》之說的不滿，尤其表現在對王安石（1021-1086）的說法上頭。雖然李樗在書中並無直接提出他著書的動機，評論家也只說「其書博取諸家訓釋名物文義，末用己意爲論斷」，[1]但是從書中反對王安石的諸多言論看來，其針對性很強。李樗何以在書中表現出如此強烈的反王安石論《詩》之言？歷來學者對此問題似乎不曾著墨。筆者嘗試從學術發展史的角度，即從《詩經》學與經學在北宋的政治與科舉環境中，在這特殊的演變脈絡中檢視《毛詩李黃集解》的著書動機與其解《詩》

1　《四庫全書總目提要・經部・詩類一》云：「《書錄解題》稱其書博取諸家訓釋名物文義，末用己意爲論斷。今觀櫄解，體例亦同，似乎相繼而作，而稍稍補苴其罅漏，不相攻擊，亦不相附合。」《四庫全書總目》（臺北：藝文印書館，1997 年），頁 337：15b-16a。

的立場。

回到北宋，從政治與科舉的角度來看待當時的學術，王安石所發動的熙元變法是最關鍵且具決定性的一場政治運動。也因爲有王氏的變法，造成了所謂的「新學」學風。無論這「新學」的褒貶含意爲何，[2]從其標榜「新」的角度來說，確實道出了北宋學術的特質之一，是一種運用新的觀點、角度對傳統經典作不同的詮釋。[3]在這種學風的影響下，北宋的解經者與解經著作紛紛勇於發表新說，提出與傳統注疏不同的解釋。然而這種「新」的學風雖然突破不少「舊」的解釋，卻也引伸出不少「新」的問題。尤其是當這些帶有個人色彩很濃、個人主觀意見很強的解經之作成爲科舉考試之書，頒佈爲全國士子欲仕進的必讀之書時，自然引起諸多爭議。李樗與黃櫄的《毛詩李黃集解》就是在這樣的背景下，具有針對性的批評王安石《詩經新義》。

本文擬以「新」爲線索，考察李樗對王安石解《詩》的意見。而只針對李樗爲研究對象，是因爲從《毛詩李黃集解》的解經體例、對三百篇的意見，及李樗與黃櫄的的意見比較後，得知黃櫄基本上是以補充論述的角色來解《詩》，幾乎

---

2 方笑一先生最早在〈北宋「新學」名義考論〉中指出：「『新學』一詞在王安石的時代已成爲其一派學術的專稱，儘管這一名稱隱含貶義。至於『荊公新學』一詞，則是全祖望的創造。」見《人文中國學報》第 11 期（2005年 8 月）。網址：http://www.confucius2000.com/admin/list.asp?id=2048

3 在宋代，「新學」名稱最早用於指代宋初與漢唐章句訓詁經學迥異的義理之學。宋初諸儒孫複、胡瑗、石介以義理釋經，皆可謂「新學」，這裏的「新」包含了對傳統經典詮釋的新觀點、新路徑與新方法的意思。參見熊凱：〈王安石「新學」名稱由來考辨〉，《史學月刊》，2009 年第 4 期，頁 128。

完全以李樗的意見爲主，[4]因此只以李樗之說爲主，不取黃櫄之說。爲了說明李樗對王安石解《詩》的意見，筆者擬由三個方面來說明：第一，釐清王安石《詩經新義》的「新」之意涵及其作用；第二，論述李樗反對《詩經新義》的主要意見；第三，從科舉的角度與《詩經》詮釋史的角度檢視李樗《毛詩李黃集解》對當時「新」學風的意見及其代表的意涵；第四從相對的角度檢視李樗何以如此反《詩經新義》之說，即綜觀《集解》中李樗所引用的北宋諸儒意見，發現李氏對歐陽修（1007-1072）的解《詩》意見呈現與王安石相反的另一種極端——大部分同意。贊同的意見接近七成，與反對王安石的比例相當。透過與歐陽修的比較，探索李樗對三百篇的詮釋觀。

貳、王安石《詩經新義》之「新」的意涵

從政治的角度來說，王氏「新學」與熙元變法直接相關。各種史料表明，王氏「新學」概念的出現與熙元變法期間王氏新經學逐步完成及其官學化的進程大體是一致的，其間經歷了兩個階段。第一階段，從熙甯變法初至元豐五年（1082年），是王氏新經學開始官學化階段，主要的經學著作是《三經新義》，時人號曰「新義」。熙寧變法初期，王安石經世

---

4 關於《毛詩李黃集解》中李樗與黃櫄之間的關係，參見黃師忠慎：〈《毛詩李黃集解》析論——以書寫體例與解釋方法爲考察中心〉，《台大中文學報》43 期（2013 年 10 月），頁 133-153。

致用、因時變法的思想策略爲宋神宗採納並付諸實施。雖然王安石所推行的新政受到宋神宗的支持，可惜神宗急於有所表現，希望新政能立竿見影得到成效，將眼光集中在財政、軍事上頭。加上實施的過程中弊病、漏洞不少，使新法在社會上廣受批評與抵制。在這種情況下，熙寧五年（1072 年）正月，宋神宗要求王安石等人撰寫《字說》；次年又設經義局，以王安石提舉經義局，呂惠卿、王雱等兼修撰，編《三經新義》，爲新法培養人才，以統一國人思想、尋求變法的合法依據。至熙寧八年（1075 年）《三經新義》撰寫完畢，隨後被立爲官學，作爲天下舉子科舉考試的經典。[5]從此，讀書人應試的經典由唐孔穎達等人編撰的《五經正義》轉爲王安石的《三經新義》，因相對於《五經正義》而言，故以「新義」標示之。《三經新義》，在當時有稱之爲「新義」、「新經義」或「新經」的。從當時「天下號曰『新義』」的稱謂來看，「新義」名稱在當時最爲流行，並非後來所謂的「新學」。[6]

　　第二階段，元豐五年前後，王安石《字說》完成並且被立爲官學，「新學」概念出現。然而「新學」這一名稱一直到王安石晚年以後才出現，和他完成《字說》有絕大的關聯。

---

5 據《續資治通鑑》載，熙寧八年六月「己酉，王安石進所撰《詩、書、周禮義》。帝謂安石曰：『今談經者言人人殊，何以一道德？卿所撰經義，其以頒行，使學者歸一。』遂頒於學官，號曰《三經新義》」。畢沅：《續資治通鑑》（北京：中華書局 1979 年），卷 71，頁 1985。

6 如王安石同時代人魏泰曾說：「王荊公在中書，作新經義以授學者，故太學諸生幾及三千人，以至包展錫慶院、朝集院尚不能容。」魏泰撰，李裕民點校：《東軒筆錄》卷 6，北京：中華書局 1997 年版，頁？。

因為《字說》涵括了《三經新義》的主要思想理論基礎。它除了反映了神宗君臣「同風俗、一道德、析名實、正名分」的願望，亟欲革新政治與道德，提升國力外，還肩負了廓清並防止經學傳注的淆亂紛歧，具有通經的基本作用。正是由於這種互通性，《字說》對於儒士理解《三經新義》而言就顯得格外重要，加上「以經試於有司，必宗其說；少異，輒不中程」，因此《字說》被儒士專門用於科舉考試，與《三經新義》相輔相成。[7]

從上述可知，王氏當初利用政治勢力的援助，將自己解經的著作 ── 《三經新義》向天下學子推行，其目的在於為自己的變法新政尋求一個學理上的依據，所以在這種情況下，熙寧五年（1072 年）正月，宋神宗要求王安石等人撰寫《字說》；次年又設經義局，以王安石提舉經義局，呂惠卿、王雱等兼修撰，編《三經新義》，為新法培養人才，以統一國人思想、尋求變法的合法依據。至熙寧八年（1075 年）《三經新義》撰寫完畢，隨後被立為官學，作為天下學子科舉考試的經典。《宋史‧王安石傳》也說：「**一時學者，無敢不**

---

7 關於「新學」名稱的內涵與階段性發展，參見熊凱：〈王安石「新學」名稱由來考辨〉，頁 128-129。至於王安石《字說》對北宋學風的影響，熊凱云：「王氏在《三經新義》特別是在《字說》裏面，以唯道義所在為基準，貫串了探求儒家道德性命、融合佛道的開放意識與革新精神，震驚了當時的思想界，帶來士人學風的巨大轉變。王氏新經學突破漢唐儒者章句訓詁之學的局限，在訓釋經義時不做繁冗瑣細的訓詁考證，而是注重闡發儒家經典中所蘊涵的義理，大膽創新，自出己意，對經典進行創造性的解釋；以相容開放的態度，融匯百家而陶鑄己說，在堅持儒學本位的前提下公開汲取佛、道、法諸家學術之長。這對北宋慶曆以後學風的轉變有著重要的影響。」頁 130。

傳習。主司純用以取士，士莫得自名一說。」[8]也因為王安石從「新」的角度與方法去詮釋經典，造成士子嚮然成風，對傳統經典起了全然不同的看法，如南宋王應麟（1223-1296）說的：「自漢儒至於慶曆間，談經者守訓詁而不鑿。《七經小傳》出而稍尚新奇矣。至《三經新義》行，視漢儒之學若土梗。」[9]然而其藉著政治勢力的支援而左右當時學風的事實也引起不少學者的批評。

相較於從政治、科舉的角度來看王安石的《三經新義》，從《詩經》發展史來看，王氏《詩經新義》的「新」，其意涵更為豐富。一般學者在論及宋代《詩經》學的發展時，最常以「新派」、「舊派」、「新舊」等相對立的名號稱呼，以此為標準，不止簡便的將宋代《詩經》學整理出明確的脈絡，也點出了宋代解《詩》的特色，注重創新，反對舊說。而所謂守舊、舊說自然是指由唐孔穎達等人編撰的《五經正義》，在《詩經》來說，最具代表性的「舊說」即是《詩序》。為了敘述的方便，許多學者紛紛採用這種共通的「標準」，以此劃分宋代的解《詩》著作。然而這種劃分方式，不止手法上粗糙，也無法深入每一部解《詩》著作，瞭解每一位學者的真正想法，甚至誤解了這些學者。以王氏《詩經新義》來說，它確實屬「新」派的解經之作，然而它的「新」卻不是表現在解經結果上，即對《詩》旨的理解上，而是在方法

---

8 關於王安石《三經新義》與新政推行之間的關係，參見鄭臣：〈宋代思想轉型中的二程與王安石〉，《蘭州學刊》，2007年第10期，頁28。《宋史・王安石傳》，頁10550。

9 王應麟：《困學紀聞》（北京：商務印書館，1959年），卷8，〈經說〉，頁774。

上，在對傳統訓詁成果的態度上。

　　從現存《詩經新義》的文字看來，共有 33 篇詩文亡佚，144 篇詩文因爲可得的文字資料有限，多半只是一些片段，無法掌握王安石對這些詩篇的意旨解釋爲何，與《詩序》之說是否相同或相異，因此只能就剩下的 128 篇詩文爲評斷的依據。根據筆者的統計，《詩經新義》完全與《詩序》之說相同的有 62 篇；與《詩序》說大同小異的王安石有 58 篇；與《序》說完全不同的王安石有 4 篇；與《序》說大異小同的王安石有 3 篇。若將完全相同與大同小異歸爲同一類，王安石有 120 篇，將完全不同與大異小同的歸爲一類，王安石有 7 篇。由可以討論的 128 篇中分析，王氏與《序》說完全相同的比率爲：48.81％，與《序》說大同小異的比率爲：53.66％。與《序》說完全相異的比率爲：3.14％，與《序》說大異小同的比率爲：2.36％。再把第一、二與第三、四類合併一起看，則《詩經新義》同意《詩序》之說的比例高達 93.75％，不同的說法只佔 5.46％。[10]這些統計的數字告訴我們一個與傳統概念相反的事實，即《詩經新義》對《詩》旨的詮說，其實大部分仍延續《詩序》，並無多大創新。而《詩經新義》的「新」主要表現在解釋方法上，即訓詁方式的創新與大膽。王安石的創新與大膽表現在如下幾個方面：

---

10 筆者所採用的王安《詩經新義》文字版本主要爲石程元敏：《三經新義輯考彙評 —— 詩經》，台北：國立編譯館，1986 年。以下所引之《詩經新義》文字皆出自此版本，僅於文末標示頁數，不再作注。至於《詩經新義》與《詩序》之間的異同關係及比例，參見筆者《宋代詩經學新說研究》第二章，國立彰化師範大學國文研究所博士論文，2007 年 6 月，頁 65-66、70、72，及附表四之一。

其一，對毛、鄭舊說的不信任。王安石何以膽敢拋棄舊說於不顧，自創新說？這和他的性格脫離不了關係。《宋元學案‧荊公新學略》說他：「先生性強忮，遇事無可否，自信所見，執意不回。……先生傳經義，出己意，辯論輒數百言，眾皆不能詘。」《宋史》也說他：「先儒傳註，一切廢不用。」[11]這種主觀性極強的性格，表現在對傳統訓詁的態度上就是成了廢棄一切舊說的結果。而王安石這種特殊的訓解方式，不遵守舊說的習慣，也反映在當時的科舉之中。按照當時科舉制度的規定：「進士罷詩賦、帖經、墨義，各占《詩》、《書》、《易》、《周禮》、《禮記》一經，兼以《論語》、《孟子》。每試四場 —— 初本經；次兼經並大義十道，務通經義，不須盡用注疏。」[12]「不須盡用注疏」並非指拋棄注疏而完全不用，但由此亦可反映出傳統漢唐注疏之說在當時不被重視的情形。

其二，以「理學」的角度詮《詩》。以理解《詩》是宋代特有的情況，普遍存在餘各個學者身上，其差異只在於理學概念侵入詩文中的程度深淺而已。然而王安石與其他學者最不同的地方在於，他對於以義理詮經有高度的自覺，學者以開學術風氣之「先河」來稱呼他，可謂見地之解。[13]而且

11　見黃宗羲著、全祖望補修、陳金生、梁運華點校：《宋元學案》（臺北：華世出版社，1987 年），頁 3239。脫脫等撰：《宋史‧王安石傳》（北京：中華書局，1997 年），頁 10550。

12　見《續資治通鑑長編》卷 220，頁 1。轉引自程元敏：《三經新義輯考彙評（二）—— 詩經》，臺北：國立編譯館，1986 年，頁 333。

13　侯外廬說：「道德性命之學，爲宋道學家所侈談者，在安石的學術思想裏，開別樹一幟的『先河』，也是事實。」侯外廬：《中國思想通史》第四卷(上)，北京：人民出版社，1998 年，頁 423。

與一般注重講學，鑽研於文字之上的書齋學者有絕大的差異，在於王氏讀書解經的目的在於「致用」。據王氏女婿蔡卞說：「自先王澤竭，國異家殊，由漢迄唐，源流浸深。宋興，文物盛矣，然不知道德性命之理。安石奮乎百世之下，追堯舜三代，通乎晝夜陰陽所不能測而入於神。初著《雜說》數萬言，世謂與孟軻相上下，於是天下之士始原道德之意，窺性命之端云。」[14]因此，王安石的以「理」解經，目的還在於修身，借著讀書理解天人之理、性命之理。這兩條正好是現存《詩經新義》的解說特色。[15]

其三，因為注重「致用」，故而詮《詩》也帶有濃厚政治意涵，從政治的角度詮解詩文。宋學不同於兩漢之章句之學，它的學術取向是與政治緊密結合的，宋學講的是通經致用，通經是直通六經之旨，且通經之後，要經世致用。正如漆俠先生所言：「宋學不僅為學術的探索開創了新局面，它的強大的生命力和突出的特點還表現在，把學術探索同社會實踐結合起來，力圖在社會改革上表現經世濟用之學。」[16]如何才能經世致用，最直接，也最可行的辦法，就是所謂的「得君行道」，如能獲得君主的支持，則自然能順利推行理想政策，解決現實困境。說白了，其實也就是要從學術上去解決政治問題，把學術問題政治化。因此，喜歡從政治的角度來聯想詩文，對詩文作一番發揮成了當時一些學者的解《詩》

14 晁公武：《郡齋讀書記・後志二》（上海：上海古籍出版社，1990年），頁127。
15 關於王安石《詩經新義》以「理」解《詩》的研究，參見筆者《宋代詩經學新說研究》，頁181-182。
16 漆俠：《宋學的發展和演變》（石家莊：河北人民出版社，2002年），頁6。

習慣。王安石也是如此。如解〈周南・桃夭〉之《序》，王
安石云：「禮義明，則上下不亂，故男女以正；政事治，則
財用不乏，故昏姻以時。」[17]解〈召南・羔羊〉之《序》云：
「所謂文王之政者，非獨躬行之教，則亦有慶賞刑威存焉。」
（《詩經新義》，頁25）解〈小雅・蓼莪〉「缾之罄矣，維
罍之恥」云：「缾，譬則民也；罍，譬則君也。缾之罄則罍
之恥，民之窮則君之羞。」（《詩經新義》，頁186）

　　其四，善用譬喻之說，為詩文取得新的意涵。以譬喻的
方式解《詩》是後代學者解《詩》的共通情況，尤其是漢代
學者。將三百篇從政治教化的角度來一一檢視，因此產生了
許多今人覺得矛盾的現象。即詩文表面並無述及某事某意，
而《詩序》卻斬釘截鐵的將之歸入歷史上的某人某事。這其
中最常見的情況是「比德」之說。所謂「比德」之說是指：
「人通過自然物來進行價值觀照、自我反思，使人格物件化、
人格理想物化，使君子形象通過自然物表徵出來，從而使抽
象的道德範疇有了具象顯現，由對理想人格的追求衍化為對
特定自然物的讚賞，引為楷模。」[18]「比德」的基本特點就
是將自然物象的某些特徵與人的道德觀念、精神品格相比
附，使自然物象的自然屬性人格化、道德化，成為人的精神
擬態，成為人的道德觀念的形象圖解和物化準則。這樣，觀
照自然的過程，就成為觀照主體的道德觀念尋求客體再現與

17　《詩經新義》，頁15。筆者所採用的王安《詩經新義》文字版本主要為
　　石程元敏：《三經新義輯考彙評─詩經》，臺北：國立編譯館，1986年。
　　以下若有引用皆為此版本，不再作注。
18　張開誠：〈君子人格與比德〉，《學術月刊》，1995年第12期，頁26。

確證的過程。人們就會在觀照自然的過程中獲得精神暗示和
道德意會。[19]

從思想內涵來看，《詩經》的「比興」主要是指「比德」。
也就是說「比興」的形式主要用於表現「比德」的內容。劉
勰說：「《關雎》有別，故後妃方德；尸鳩貞一，故夫人象義。
義取其貞，無從於夷禽；德貴其別，不嫌於鷙鳥。」（《文心
雕龍・比興》）在這裏，劉勰舉例說明了「比德」和「興喻」
的關係。也就是說，「興喻」的作用和目的就在於「比德」。[20]

從現存《詩經新義》輯本中，從殘存的片段文字裡，幾
乎處處可見王安石以這種特殊的詮解方式貫串著三百篇。如
云〈周南・樛木〉「南有樛木，葛藟纍之」：「南，明方；
木，仁類者。蓋南方者喻后妃之明也。」（《詩經新義》，
頁 13）又如如論〈召南・采蘩〉「于以采蘩，于沼于沚」：

> 荇之為物，其下出乎水，其上出乎水：由法度之中而
> 法度之所不能制，以喻后妃也。蘋之為物，能出乎水
> 上，而不能出乎水下；藻之為物，能出乎水下，而不
> 能出乎水上：制於法度而不該其本末，以喻大夫之妻
> 也。至於蘋（按：當為「蘩」），則非制乎水而有制
> 節之道，以喻夫人也。（《詩經新義》，頁 21）

---

19 付軍龍：〈比德於眾禽 —— 也論中國古代的「比德」觀〉，《北方論叢》，
2007 年第 4 期，頁 21。付氏又說：「在這種比德式的觀照視野中，「德」
成了人與自然共通的契合點，通過「德」的比附、比擬、比譬，人與自
然達成了合一。與其說「比德」是一種自然審美觀，不如說是一種倫理
審美觀、道德審美觀。」

20 吳秋煌：〈試論「比德」的形式特徵和思想內涵〉，《現代語文》，2009
年 8 期，頁 11。

　　王安石的說法源自於他將〈周南‧關雎〉與〈召南‧采
蘩〉〈采蘋〉連著看，發現詩中都有採水中植物：荇菜、蘩、
蘋、藻的敘述，加上他對《詩序》后妃、夫人之說的信任，
因此讓王安石自然的聯想是否連所摘採的植物也具備階級的
差異象徵。類似這種爲了牽合《序》說，或爲《序》說而左
右，衍生新的聯想、比喻，還有三處，[21]由此可見王安石對
於譬喻解《詩》的喜好。

　　從上文的解說中可以得知，王安石《詩經新義》的「新」
字意涵極爲豐富，不可單從某一面向去理解該書的性質，無
論在政治上、科舉仕進上，還是《詩經》的發展詮釋史上，
都與一般解《詩》著作有極大的不同，尤其是當它成爲士子
考試的必讀之書後，其引起的廣泛影響與後果，是一般坐在
書齋中解經讀書的學者所無法企及的。也因爲這樣，《詩經
新義》在宋代掀起了一波波瀾，與隨之而來的批評聲浪彼此
激盪、沖擊，在學術史上留下極爲可議的相關議題。李樗的
《毛詩詳解》即是在這樣的背景下，有針對性的爲三百篇做
出詮釋的著作。

參、李樗反對《詩經新義》的主要意見

　　李樗字若林，福建閩縣人，世稱迂仲先生。李樗是林之
奇（1112-1172）的表兄，[22]兩人一同拜入呂本中（1084-1145）

---

21 分見《詩經新義》，頁 63；頁 167；頁 186。
22 據此，李樗應該生於 1111 年之前，約宋徽宗在位（1101－1125）之時。

之門下。呂本中出身東萊呂家，是著名的學術家族，其族孫
呂祖謙在《詩經》學上亦赫赫有名。李樗名聲雖不若其師顯
赫，但是在福建一地也頗為著名。李樗原著《毛詩詳解》（以
下簡稱《詳解》）原貌今已不可見，從與黃櫄合集本《毛詩
李黃集解》看來，李樗當初寫作《詳解》的動機和用意應該
是著眼於後人對三百篇中訓詁的解釋，也就是對《毛傳》《鄭
箋》的解釋不滿意，從而攟集諸家之說，詳細的解說三百篇
中的詞章、文物、制度與大意。在訓解的過程中，讀者很容
易就嗅出除了毛、鄭的說解以外，王安石的解釋也是李樗主
要批評的對象。綜觀這些批評的文字，大約可知李樗駁斥王
安石《詩經新義》（底下簡稱《新義》）最主要的理由有二：
妄生分別與不夠「簡徑」。

　　以妄生分別為例，如論〈召南・殷其靁〉時云：「王氏
則以為此詩未若〈汝墳〉之盛，故繫之〈召南〉。王氏之說
多生分別，謂〈周南〉周公也，故其詩乃聖人之事；〈召南〉
召公也，故其詩乃賢人之事，遂以〈摽有梅〉不若〈桃夭〉，
〈小星〉之詩不若〈樛木〉，〈殷其靁〉之詩不若〈汝墳〉
者，皆分別錙銖之輕重，豈知詩人之意哉。」[23]李樗在此批
評王安石用聖人與賢人作品的不同，區分〈周南〉〈召南〉，
並比較其優劣，這種觀點太過刻板且無謂。李樗的批評固然
沒錯，但是若站在王安石的角度，用他對經典的看法，則王
安石的區別用意在於突顯出經典的崇高作用。就王安石來

---

[23] 李樗、黃櫄：《毛詩李黃集解》，景印文淵閣《四庫全書・經部・詩類》
第 71 冊，卷 3，頁 81：34b-35a。以下凡出現《毛詩李黃集解》之文字，
皆為此版本，不再作註。且以《集解》簡稱之。

說，經，是聖人為政、行政的記載。「他對經書的看法不僅不同于宋儒，也不同於漢儒，而是近似於《莊子·天下》中的觀點，即認為經書是古代聖王的遺跡，儒家學者只是經書的研習者，而非經書的作者，即使是儒家學派的創始人孔子也沒有作經書的資格，因為他有德無位，只是古代聖王之道的繼承發揚」。[24]在這種認知下，孔子的地位較創作經典的聖人低一層，因為他只不過是傳述聖人之「道」的中繼者而已。

又如論〈鄭風·羔裘〉說王安石：「於此詩皆分作君臣事：孔武有力則以為君；邦之司直則以為臣；三英粲兮則以為君；邦之彥兮則以為臣，皆是強生分別。」（《集解》卷10，頁 206：5a-b）論〈齊風·著〉「充耳以素」、「充耳以青」、「充耳以黃」王氏謂：「仁以親之，義以帥之，信以成之。夫道也以充耳之素配義，以充耳之青配仁，以充耳之黃佩信。此皆強生分別。」（《集解》，卷11，頁228：14b）論〈唐風·山有樞〉王氏曰：「樞榆栲杻，宮室器械之材，而漆則可以飾器械，栗則可食也。曳婁其衣裳，驅馳其車酒，洒埽其廷內，考擊其鐘？，則所以修其政，故以樞榆栲杻刺之。」李樗云：「亦不必如此分別，此但詩人便於押韻爾，何必一一為之說。」（《集解》卷12，頁255：28a）論〈小雅·采薇〉王氏云：「啟則居之也，處則方之也。不遑居者，以言從戍役之事。而不遑居也不遑處者，以言居戍役之地而不遑處也。」李樗言：「以居為從征役之事，以處為居戍役之地，亦妄生分別也。」（《集解》卷20，頁390：

---

24 李祥俊：〈王安石的經學觀與經學解釋學〉，《中國哲學史》，2002年第4期，頁74-78。

12a）其於如分〈陳風・防有鵲巢〉爲四章四意，〈大雅・崧
高〉「四國于蕃，四方于宣」句，說王安石解〈周頌・潛〉
的「薦」、「獻」等。都直接點出王安石解經區別太過、妄
生分別的缺失。[25]

　　由上舉諸例可知王安石所以針對詩文中詞句作如此細部
的分解，其關注的焦點始終都圍繞在政治教化方面，即他解
說三百篇的側重點與《詩序》之說相同，延續著《詩序》的
精神，從君主的角度，爲這些詩文作辯解。然而王安石在辯
解的過程中往往不自覺的發揮、聯想太過，使得這些出自好
意的解說成爲被攻擊的對象。李樗在最後便針對王安石這種
區分太過的解《詩》習慣作總的批評，他說：「王氏之學好
生分別，故以〈載芟〉爲地道之始，故其詩亦必言其始；此
詩（〈良耜〉）言地道之終，故其詩亦必言其終。兩篇之中
皆附會其說。……如此之類乃其穿鑿。……使果可以附會其
說，則凡《詩》之文皆可附會以爲說。王氏之學不可不戒也。」
（《集解》卷39，頁764：26a-26b）

　　如果只看到李樗對王安石這種嚴厲的批評話語，難免會
有一種印象，以爲李樗對王氏之說極爲不滿，對《詩經新義》
只有負面的意見，而無正面的肯定。然而當我們再回過頭來
仔細檢視《集解》，則會發現毛、鄭等漢儒舊說在李樗的心
目中原來比王安石《新義》好不到哪裡去，甚至更糟。根據
筆者的研究，李樗對傳統的毛、鄭訓詁之說，批評多過肯定，
以《毛傳》爲例，就有（一）不合上下文意；（二）不合《序》

25　分見《集解》卷15，頁312：30b；卷35，頁670：12a；卷38，頁743：
　　23a。

說，或泥於《序》說；（三）太過分別；（四）自相矛盾；
（五）無據；（六）非詩中本意，；（七）毛說不如鄭等 32
處，[26] 甚至直接說《毛傳》不如宋人之說，王安石就是其中
一人，其肯定的地方甚至超過其他宋儒，如歐陽修、二程、
蘇轍等。[27]

　　至於崇尚「簡徑」之說則是李樗《集解》強調的解《詩》
法之一。除了用「簡徑」一詞外，簡、簡直、簡勁、簡而當、
簡而直、簡而明、簡而易明、簡徑而明等用詞都是李樗用來
稱呼他理想中的訓詁。其實若對照上述妄生分別的批評，則
能明白崇尚簡徑、簡直、簡單明白之說是妄生分別的反面。
所以他說：「**讀《詩》者當觀其意，不可苛細繳繞，如法家
流也。**」（《集解》卷 4，頁 102：23b）如論〈唐風・綢繆〉
首句「綢繆束薪，三星在天」，王氏之說與蘇轍「合異性以
為昏姻，言猶錯取眾薪而束之耳。薪之為物，束之則合，釋
之則解，是以綢繆固之而後可以望其合也」相似，然而李樗
卻以為鄭玄「束薪於野而見天星」之說「其義簡而直」，不
取蘇氏、王氏之說，而用鄭玄的說法。（《集解》卷 13，頁
261：5b）又如論〈陳風・月出〉「月出皎兮」一具，王氏曰：
「**女，陰物也而晦，時月出之皎也則非時之晦矣。而又佼僚
者，不得相悅。**」李樗曰：「**其說為甚鑿，……不如毛、鄭**

26　參見筆者《宋代詩經學新說研究》，頁 97。

27　根據筆者的統計，李樗《集解》中指出毛氏之說不如王氏之說的共計 11
　　處：卷 4，頁 101：20a；卷 5，頁 123：23b；卷 7，頁 150：2b；卷 8，
　　頁 173：11b；頁 177：19b；卷 9，頁 195：19a；卷 12，頁 241：1b；卷
　　17，頁 339：13a；卷 20，頁 386：5a；卷 21，頁 408：10a；卷 22，頁
　　437：26b。

之說為簡勁。」（《集解》卷 15，頁 313：33a）論〈檜風·
匪風〉王氏曰：「上之所以動而化之非其道，故曰匪風發兮，
匪風飄兮；下之所以載而行之非其道，故曰匪車偈兮，匪車
嘌兮。」李樗曰：「其謂風以喻上之動而化，車以喻下之載
而行，固與毛氏異，然謂非其道，則亦毛氏之曲說。……是
強以上下而分別之，則其取譬為勞而不甚簡勁。」（《集解》
卷 16，頁 323：18a-18b）那麼何謂「簡勁」？李樗舉蘇轍之
說「非風野而乃至於發發，非車野而乃至偈偈，是以顧瞻周
道怛然傷之也」後云：「**此說為勝，……其解匪風匪車二字
方為簡勁。**」（卷 16，頁 323：19a）基於同樣的要求，李樗
也對王安石少部分「簡勁」明白之說給予肯定，如論〈陳風·
東門之枌〉「值其鷺翿」的「值」字，毛氏解為「持」，顏
師古姐為「立」，而王安石解為「遭」：「**值者，百姓厭苦
之言。**」李樗對此極為稱道：「**夫以值為遭，其詁訓明白勝
於以為持以為立。**」（《集解》卷 15，頁 301：8b）

　　如果單從李樗在《集解》中所陳列出的那些簡勁、簡徑、
簡直等，要求解經簡單明白的說法，[28]難免予人一種李樗解
《詩》不求複雜、繁瑣的印象，亦即他要求在訓解詩文的過
程中不對詩文做過多的聯想與衍伸、推廣。如說〈溱洧〉的

---

28 根據筆者的統計，李樗解《詩》提出「簡勁」、「簡徑」等說共計 16
　處，分見《集解》卷 10，頁 212：17a-b；卷 11，頁 236：30a；卷 13，
　頁 261：5b；頁 265：13b；頁 275：33b；卷 15，頁 299：4a；頁 302：
　10a；頁 313：33a；卷 16，頁 323：18a-18b；卷 20，頁 392：16b；卷
　23，頁 451：23a；卷 27，頁 512：24a；卷 28，頁 518：4a-b；卷 29，
　頁 541：21a-542：22b；卷 30，頁 548：7b；卷 30，頁 564：卷 33，頁
　38b；634：38b；卷 37，頁 726：41b-727：42a；卷 38，頁 738：12a。

植物「芍藥」不必「深求其理，雖使深求而得之，亦何益哉！」
（《集解》卷 11，頁 224：6b）毛公論〈豳風・伐柯〉時：
「禮義者治國之柄，媒者所以用禮。」解釋詩文，李樗卻說：
「伐柯之用斧，娶妻之用媒，其事一也，毛氏於伐柯用斧則
以喻周公能執禮義，於娶妻用媒則以喻用禮，其說亦繁矣。」
（《集解》卷 18，頁 21a-21b）然而這種追求簡單、直捷的
方法卻僅止於訓解詩文過程之中而已，對於三百篇詩旨的理
解則不然，李樗反而要求讀者要深入體會作詩者、序詩者的
用心，要「深入」其中，不僅僅拘限於詩文表面之意去理解
詩意。即所謂解《詩》「求深」的傾向。[29]

　　李樗這種看似矛盾的「求深」與追求「簡勁」之說，其
實將二者分別放在對《詩序》的態度與對傳統訓詁的態度，
即對毛、鄭之說的態度，便可獲得解答。在解《詩》的過程
中李樗往往不滿意傳統的毛、鄭之解，也包括同時代的王安
石等人的解釋。因為他們的解釋往往過於「繁瑣」，過於衍
伸、聯想，所以李樗常以附會穿鑿、迂曲等說來批評他們。
然而若考慮到毛、鄭或王安石等如此大費周章的解說詩文，
其目的不外乎維護《詩序》，為《詩序》說解，為了將詩文
與《詩序》作連結，往往只有透過這些繁瑣、迂曲的過剩詮
釋來綰合二者，使詩文與《詩序》不至於脫勾。李樗同樣也

---

29 關於李樗解《詩》「求深」的傾向，參見黃忠慎：〈李樗、黃櫄解《詩》
異同考〉第三部分，李、黃解《詩》方法的異同。黃氏整理出李樗五種
解《詩》之法：（一）強調以意逆志；（二）要求讀者「推」求詩意；
（三）說詩表面上不言某意，但其意自見；（四）追求詩意「深」的傾
向；（五）不可拘泥於詩文表面之意。可見除了求「深」之外，不拘泥
於表面之意也是求深的另一種說法。

遵守《詩序》之說，[30]但是他卻不走與王安石等相同的路，這裡凸顯一個極為有趣的議題，即在解經的過程中，解釋的方法與結果之間並不存在必然的關係。以李樗與王安石二人為例即是如此。二人都在《詩序》的籠罩之下詮解詩文，然而卻走著不同的道路，一個重視簡潔明白，一個常常分別、引伸太過，但不同的詮釋方法卻不影響他們對詩文大意的理解。由此可以清楚的知道傳統學者堅持由字到句，由句到章、篇大意的理解順序，其實並不成立。對相同詩句的不同理解，並不影響對整篇詩意的理解。

肆、從科舉的角度與《詩經》詮釋史的角度檢視李樗《毛詩李黃集解》對當時「新」學風的意見及其代表的意涵

學術的發展往往受到時代因素的左右，尤其是政治因素。政府運用政策來影響、改變學術走向的作法歷代皆有，最直接的方式之一便是科舉。透過科舉考試的途徑，可以改變士人的讀書科目，學習對象，進而影響、控制其思想。以宋代為例，神宗熙寧間在歐陽修慶曆科舉變革措施的推動下，儒學復興運動，疑古思辯學風，使得追求《詩經》本義的風潮在科舉有關《詩經》題目中已得到反映，[31]但遵循漢

---

30 關於李樗解《詩》與《詩序》的異同，參見筆者《宋代詩經學新說研究》第二章第一節「對個別篇旨的批評」，頁 67-75，及附表四之一。

31 據《續資治通鑑長編》卷一百六十四，慶曆八年四月丙子條，有「兼聞

代毛、鄭古傳注的保守勢力阻力仍然很大，這可從洪邁所舉吳安度考詩賦題遭黜一事看出。熙寧四年考詩賦題，要求賦《綠竹詩》，出題者目的實際上是要用《詩經》中〈淇奧〉之詩意作詩，〈淇奧〉據《毛詩序》言是「美武公之德也」，是歌頌衛武公「質美德盛」，中有「瞻彼淇奧，綠竹青青」句，吳安度考詩賦，賦《綠竹詩》時，不依《詩經‧淇奧》毛公之解爲「綠，王芻也。竹，竹也」等「綠」竹爲兩種草本植物的古訓，直解綠竹爲綠色竹子而遭黜。[32]這種情形到了王安石主政時有了改變。王安石所進行的熙寧科舉變革。

　　熙寧科舉變革規定主要有二：其一是廢罷明經及諸科，設進士一科。其二是罷詩賦、帖經、墨義。士各占治《易》、《詩》、《書》、《周禮》、《禮記》一經兼論《論語》、《孟子》。熙寧變革因爲重視策論，罷除詩賦、帖經、墨義，注重考生對國家時事政治的看法和獨到的見解，在無形之中要參與考試學子多用論辯的角度，多發議論與新見，由此促進了宋學重思辨、求新解的風氣。其次，將經書大義成爲必考科目，又提升其地位於策論之上，對於傳統經書的地位給

舉人舉經史疑義可以出策論題目凡數千條，謂之《經史質疑》」句，可知歐陽修等人推行科試改革時，已有疑古疑經之風氣。影印文淵閣本《四庫全書》中《文忠集》卷七五有歐陽修自己應天聖七年國學試的《國學試策》三道，其中第一道對策云：「若乃《詩》《書》有可疑，此皆聖師之所談，明問之至要。」體現了疑古疑經的精神。

32 南宋‧洪邁《容齋三筆》卷十四《綠竹王芻》記載：「熙甯初，右贊善大夫吳安度試舍人院，已入等，有司以安度所賦《綠竹詩》，背『王芻』古說，而直以爲竹，遂黜不取。富韓公爲相，言：『《史記》敍載淇園之竹，正衛產也，安度語有據。』遂賜進士出身。……蓋是時士風淳厚，論者皆不喜新奇之說，非若王氏之學也。」「國學導航」網址：http://www.guoxue123.com/zhibu/0301/01rzsb/013.htm

予強大的支持外，也體現了儒學經世致用的精神。王安石的
《詩經新義》先由其子「訓其辭」，後由王安石「訓其義」，
並于熙寧八年頒行天下，元豐三年再加以改定。由此成為天
下士子考試必讀之書。王安石這一舉動對《詩經》的研究發
展、闡釋成果有極大的影響。首先是提升《詩經》在五經中
的地位，其次為發揚重新審視先儒傳注的疑古思辨精神，並
將天下治亂與《詩經》緊密聯繫，闡發詩中義理，又見其文
采，重在實用，對治《詩》起了一個導向的作用。更重要的
是打破了漢唐以來毛、鄭之《詩經》學在官學中的一統天下
的局面。推動了宋學的發展。日後許多學者勇於拋棄毛、鄭
舊說，大概都受到王安石《新義》的啟發。[33]

　　李樗的《詳解》也是在同樣的情形下，受到王安石的啟
發，雖然批評王氏之說的話語不少，但是肯定的文字也近乎
一半。由此我們看到了王氏《新義》的影響力。史籍中關於
李樗的紀錄不多，據研究者的說法，李樗雖為福建地區有名
的學者，但是他應舉的過程並不順利，他大概也和哥哥李楠
一樣，曾在省試中遭受幾次挫折。在李楠死後八年（1155），
他也去世。[34]我們可以想像李樗為了參加科舉，必然對王安
石的《新義》有所接觸，從《集解》中所引用的文字可以證
明李樗對王氏之說的熟悉，且除了熟悉之外，還有不少的認
同。因此，由科舉仕進的角度而言，王安石《新義》確實發

33　參見張祝平：〈北宋熙寧科舉變革對宋代《詩經》學的影響〉，《南通
　　師範學院學報(哲學社會科學版)》，第 18 卷第 4 期（2002 年 12 月），
　　頁 65。

34　梁庚堯：〈宋代福州士人與舉業〉，《宋代墓誌史料的文本分析與實證
　　運用國際學術研討會》（2003 年 10 月 19 日），頁 24。

揮了其廣大的影響力,使許多學者爲了晉身仕途,必須有所理解,無論當初閱讀的動機爲何,在接受的過程中也無疑受到該書詮解經文的方式影響,反映在他們日後解經的成果中。李樗也是在這種制度之下,接受了王氏《新義》的解詩觀點與解詩意見。並將這些「新」的觀點與意見帶入他的解《詩》著作中,成爲宋代所謂「新派」的解《詩》之作。

　　若從《詩經》的詮釋發展史看來,李樗《詳解》不止接受了王安石《新說》的部分解詩成果,同時也接受他那種「新」的詮釋觀點。在這些新的觀點之中,大約有兩點值得注意:其一勇於拋棄舊說,質疑毛、鄭等傳統注疏;其二特別注重三百篇對現實政治的作用。李樗勇於拋棄毛、鄭舊說除了從他對毛、鄭的態度中可以直接探知外,[35]從他輕率的訓詁方式中也可看出。如論〈邶風‧旄丘〉「瑣兮尾兮」毛公曰:「瑣尾,少好之貌。流離,鳥子也。」按照毛公的意思「衛之諸臣始而愉樂,終而微弱」李樗以爲「非詩人之本意,不若從王氏之說爲憂。王氏『細,瑣也;尾,末也。黎侯之子流離失職,故尾瑣也。』蓋詩人之意謂黎侯群困魚此瑣細而尾末矣。流離而失職矣,而衛之諸臣不能救之,蓋責之深也。」(《集解》卷5,頁123:23b-124:24a)毛公之說源自《爾雅‧釋鳥》,李樗也知道,但是他從詩文篇章大意去理解「瑣尾」一句,選擇了王安石之說而拋棄毛公這等有根據的說法,王安石之說完全從詩文表面上去解釋,近乎一種望文生義,然而李樗卻以王氏之說符合《詩序》爲準,採用王氏之說。

---

35 關於李樗對毛、鄭訓詁的態度參見筆者《宋代詩經學新說研究》第二章第二節,頁96-98。

這種訓詁的選擇方式與標準讓人印象深刻。當然，從訓詁學的角度來看，「瑣尾」二字雙聲，「尾」為「娓」之古文假借，其意為美。因此「瑣尾」兩字連文成意，不可分開解釋。[36]如此則毛公以少好來訓「瑣尾」自然有據且可信。

又如論〈魏風・十畝之間〉「桑者閑閑」、「桑者泄泄」毛公解為「男女無別往來之貌」、「多人之貌」。李樗云：「未見有所據也。蘇氏則以謂……王氏則以閑閑為暇而不遽，以泄泄為舒而不迫，則是閑閑、泄泄又以為閒閒之貌，然以此詩觀之，當從王、蘇之說。」（《集解》卷 12，頁 248：14a）毛公之說從他對〈大雅・皇矣〉「臨衝閑閑」、〈板〉「無然泄泄」的解釋即可知毛公對此疊句有共通的解釋，且「閑閑」的用法與《莊子・齊物論》同，「泄泄」的解釋也與《孟子・離婁上》的解說同，何來無據之說？[37]類此直言毛、鄭之說不如王氏，而王安石的解釋又近乎望文生義的例子，在《集解》中還有 15 個，[38]由此可見李樗對王安石訓詁方式的接受與肯定，並且間接吸收了王氏等新派學者的訓詁方式，直接面對詩文，無視於傳統訓詁成績，以己心為評斷的標準。

---

36 參見馬瑞辰：《毛詩傳箋通釋》上冊，北京中華書局，2004 年，頁 143。陳奐：《詩毛氏傳疏》第一冊（臺北：學生書局，1995 年），頁 106。

37 關於毛公「閑閑」、「泄泄」的解釋，參見胡承珙撰、郭全芝校點：《毛詩後箋》上冊，合肥：黃山書社，1999 年，頁 497-498。

38 分見《集解》卷 7，頁 150：2b-3a；卷 8，頁 173：11b-17；12a；頁 177：19b；卷 9，頁 190：9a；頁 195：19a-b；卷 12，頁 256：31b；卷 17，頁 339：13a；卷 20，頁 386：5a；卷 22，頁 429：11a；頁 437：26b；卷 23，頁 441：3a；卷 25，頁 472：2b；卷 27，頁 512：25a；卷 32，頁 589：8b；頁 591：12b。

　　至於特別注重三百篇的政治作用，主要表現在李樗擅於引用歷史事件來作爲解《詩》的明證，或者借題發揮，從詩文的解釋聯想到歷史上相類似的教訓，以此告誡人君。如論〈卷耳〉而聯想唐明皇內有楊貴妃，外有李林甫、楊國忠；肅宗時內有張皇后，外有李甫國、程元振。（《集解》卷 1，頁 40：10b）論〈邶風·柏舟〉而引蕭望之、張堪、劉更生、金敞同心輔政（《集解》卷 4，頁 98：14b-15a）論〈鄘風·干旄〉則用三國時蜀漢劉備三顧茅廬與孟子和齊王之間的君臣典故（《集解》卷 7，頁 157：17a-b）論〈王風·采葛〉則以漢代桑弘羊的故事證之（《集解》卷 9，頁 192：12a）在這麼多的以史證《詩》中，李樗最常提及的範例便是唐明皇信用小人、缺乏賢妃、君臣之間彼此不信任等而葬送大好江山的真實事件。如論〈周南·卷耳〉引唐明皇內有楊貴妃，外有李林甫、楊國忠；肅宗時內有張皇后，外有李甫國、程元振等實例，說明賢后妃對國政的重要（《集解》卷 2，頁 40：10b）論〈鄭風·緇衣〉引唐明皇用小人遠君子的故事（《集解》卷 9，頁 197：23b）說〈陳風·墓門〉用唐明皇與李林輔、張九齡等故實（《集解》卷 15，頁 310：27a-b）〈小雅·黃鳥〉用唐明皇及爲用賢，晚年怠惰、鬆懈而用小人李林甫使國事衰頹（《集解》卷 22，頁 438：28a）解〈小雅·十月之交〉舉唐明皇用楊貴妃、李林甫事與幽王、褒姒事類（《集解》卷 24，頁 460：6b）類似此類例子共計 13 處，[39]其他如

---

39 分見《集解》卷 2，頁 40：10b；頁 45：21a-21b；卷 5，頁 126：29a；卷 6，頁 137：13b-138：14a；卷 9，頁 197：23b；卷 11，頁 237：32b；卷 15，頁 300：6a；頁 310：27a-b；卷 22，頁 438：28a；卷 24，頁 460：

論酈寄、呂祿、公孫述、馬援、光武帝、嚴光、陳勝、張耳、高祖、盧綰等，歷史上有名的君臣，爲自己解《詩》的結果增添說服力。這種奇特的解《詩》方式除了帶有很強的李樗個人色彩外，從《詩經》詮釋史的角度來說，是另外一種「新」的詮釋法。

從此二面向與前述那些激烈的批評文字相對看，可知李樗對於王安石的態度並非一面倒的否定，或者說全然以主觀的立場，推翻王安石之說。除了在解《詩》的內容上，即李樗對詩文訓詁的接受外，在解《詩》的方法上，李樗也呈現了和王安石相近的方法、進路。這一點是特別需要說明與注意的。

伍、與其他新派學者（歐陽修）意見的接受之比較及其呈現的意義

一、李樗引用並接受歐陽修之說的情況

《毛詩李黃集解》爲宋代解《詩》著作中的「集解體」，集解體是東漢以下廣爲使用的一種體式，主要集眾家之說以解經。《詩經》集解體在宋代大爲興起，此種體式有二個特徵：其一爲主要在發明經義而不是纂集資料；其二所引的諸家之說，重在諸家對於同一條經文的不同解釋而不是相同的

6b；卷25，頁482：22a；卷28，頁520：9b；卷33，頁626：23b-627：24a。

解釋。[40]在這種重發明、重異的心態下，對於經文的闡述自然得出許多不同於前賢的舊說。透過筆者的統計，得知《毛詩李黃集解》中李樗所引用的宋代學者之說共約 33 人，其中主要的學者為 8 人：王安石、蘇轍、歐陽修、楊時、陳鵬飛、張載、徐安道。[41]

雖說是集眾家之說以幫助解釋經義，然而讀者卻可以明顯的感受到在這引用的 8 人中李樗是以王安石為批評對象，藉由引用來駁斥、推翻王氏之說，而不是藉由引用來當作疏解詩意的「參考」，亦即李樗引用王安石之說的目的大部分在於負面的批評、摧毀《詩經新義》的說法，而不是幫助讀者理解詩意、增加或建立新的解釋。這種現象極為特別，就筆者的理解，大約反映出幾個現實：1.反映出李樗對王安石之說的反感心理；2.顯見當時《詩經新義》對士子的影響，作為科舉考試之書，故而北宋士子必須閱讀，甚至接受王安石之說。李樗因此想藉由《集解》的著作，推翻這種「新義」，達到一種「撥亂反正」的效果。除此之外，該如何看待這種現象？筆者以為若從詮釋的角度來分析，則李樗這種針對性

---

40 關於集解體式的說明，參見郝桂敏：《宋代詩經文獻研究》（北京：中國社會科學出版，2006 年），頁 189-190。

41 關於《毛詩李黃集解》李樗所引用的北宋諸儒之說，參見附表一：「李樗對北宋諸儒引用表」。李樗對於引文的來源大部分皆有標出名姓，僅有少部分無標示，因此筆者在表二「李樗有文無引篇目表」中特別整理出，共 33 處。所謂「主要學者」是指數量上的統計數字，這裡最少的學者為徐安道，共 11 處。「二程」在這裡只當作一位，因李樗大部分引文只以「程氏」標示，少部分用「伊川」，筆者無法得知「程氏」與「伊川」到底有分別？或者並無差異？實難考究，因為如同今天所見的情況一般，「二程」的解《詩》文字也無法細分何者為程顥，何者為程頤之語。因此僅以一人次算之。

具有某種意義，而其中參照的對象就是對歐陽修解《詩》意見的態度。

筆者用參照的方式來分析李樗對王安石解《詩》的意見或態度，是從《集解》的體例爲基點而對看的。如上所述，「集解體」爲集眾家之說以解經，因此其引用、蒐集諸家之說的最終目的在於解釋詩文，通詩達意。對於那些不能幫助讀者理解詩意的「歧說」自然不需加以徵引，否則只是增加篇幅卷數而已，因爲這些「不正確」的說法對於讀者在閱讀、理解詩意的過程來說，是一種累贅、負擔。然而李樗卻好像沒有意識到這種現實的問題，反而一再地徵引王氏之說，並加以批評、駁斥。這種情況除了用上述二個原因可以說明以外，若和另一個相對「極端」的引用者對照，卻引起筆者的注意，並且讓人思考這種相對極端的徵引，其背後的意義。

從附表二：「李樗對王安石等主要引用人之意見認同比率表」裡可知，李樗徵引最多的是王安石，總共 404 處，其次爲蘇轍，共 235 處，第三爲歐陽修，共 208 處。就接受與反對的比例而言，雖然以楊時、陳鵬飛高居第一（92.3%）、二（87.5%），但因爲所徵引的實例太少（楊時 26 處、陳鵬飛 16 處），無法真正看出李樗對二人解《詩》的真正態度。因此就樣本的整體可信度而言，接受度最高的當屬歐陽修，高達 68.42%，接受度最低的卻是王安石，只有 29.58%。兩者間的接受與否定比例呈現一種顛倒，對王安石的否定比例（69.19%）和對歐陽修的接受比例相當。這種強烈的對比讓透露出什麼訊息，其背後有何意涵？筆者以爲值得深入解析。

透過全面的整理與分類，筆者發現李樗徵引歐陽修之

說,並且贊同、肯定歐公之說的理由大約有二:其一為用來駁斥毛、鄭之說。如論〈周南·螽斯〉「振振」、「繩繩」、「蟄蟄」之意:「**振振,毛公以為信厚,繩繩以為戒慎,蟄蟄以為和樂。歐陽以為不然。振振者,群行也,繩繩者齊一也,蟄蟄者,會聚也。**」(《集解》卷 2,頁 47:25a-b);論〈召南·甘棠〉則用歐公之說以駁《毛傳》「蔽芾」為小貌之解,因為「棠可容人舍其下則非小樹也」(《集解》卷 3,頁 73:18b);〈邶風·匏有苦葉〉則以為歐公駁鄭玄「牝牡」之說得之(《集解》卷 5,頁 115:7a);〈邶風·簡兮〉引歐公之說駁鄭氏說「左手執呼籥」二句(《集解》卷 5,頁 127:30a-b)。類似這種引用歐陽修的說法,作為駁斥或推翻毛、鄭之說的言論,在《集解》中所在多有,約有 69 處,參見附表三:「李樗引歐陽修之說駁斥毛、鄭表」。從整理表中可探知李樗對毛、鄭之說的基本態度。如上述,李樗被歸為「新派」學者之林,就在於他對毛、鄭之說的不滿,而非《詩序》。同時他又不是一味的反對毛、鄭舊說,從表中可知若毛、鄭之說其中有符合詩意者,李樗會擇取其一,而放棄另一說,如解〈魏風·園有桃〉「園有桃」之意,「以歐氏觀之,則知王、鄭(玄)之說為不足取」,蘇氏「終不如毛之詩說為安」(《集解》卷 12,頁 245:8a);論〈唐風·綢繆〉首二句「束薪」,蘇、王二氏皆以喻解,與毛公說近似,歐公則用鄭玄意,李樗以為「其意簡而直,當從鄭說」,(《集解》卷 13,頁 261:5b);甚至毛、鄭之說雖不是全然正確,其中有可取者,仍不廢其佳處,保留可用之意,如論〈小雅·斯干〉分章與鄭氏不同,鄭氏解「如竹苞

矣」二句不如歐公「其說爲優」，但是鄭氏解此章之意仍得
之，故云「從其（歐公）說而用鄭氏之意」（《集解》卷 23，
頁 441：2b）。

　　李樗爲何不厭其煩的徵引歐陽修之說來駁斥、推翻毛、
鄭之說？也許他受到歐公的啓發，對於漢人的注疏之學深感
不滿，勇於違忤二家。[42]但若就李樗本人來說，引用歐陽修
之說的另一作用似乎更爲重要，也更能見出他的用心，此即
第二點：反襯王安石之說的無理，凸顯王氏之說的不可信。
在這麼多反王的言論裡，筆者整理出李樗徵引王氏與歐公之
說的同時，李樗最常運用的一種類似修辭格的對比，或者說
反襯法，藉此凸顯王安石之說的「穿鑿」、「瑣碎」。其中
李樗最喜歡用的詞彙便是「簡徑」。如論〈邶風‧北風〉「其
虛其邪」王氏「只作如字讀」，李樗指出「其說鑿矣」，不
如歐公、程氏（《集解》卷 6，頁 134：7a-b）；〈鄭風‧叔
于田〉鄭玄之說歐公破之，「王氏之說其鑿又甚」（《集解》
卷 9，頁 200：29a）；〈‧綢繆〉解首二句「束薪」，蘇、
王氏皆用喻解，與毛公說近似，歐公則用鄭玄意，以爲「其
意簡而直，當從鄭說」（《集解》卷 13，頁 261：5b）；〈小

42　樓鑰云：「由漢以至本朝，千餘年間，號爲通經者，不過經述毛鄭，莫
　　詳於孔穎達之疏，不敢以一語違忤二家，自不相侔者，皆曲爲說以通
　　之。……自歐陽公《本義》之作，始有以開百世之惑，曾不輕議二家之
　　短長，而能指其不然，以深持詩人之意。其後王文公、蘇文定公、伊川
　　程先生各著其說，更相發明，愈益昭著，其實自歐陽氏發之。」朱彝尊
　　《經義考》卷 104 引（北京：中華書局，1998 年），頁 563。他指出歐
　　陽修是宋代第一個對毛、鄭二家提出批評的學者，啓發了王安石、蘇轍、
　　程頤等人，爲提及李樗，但從筆者所整理的附表寺中可知，李樗當受歐
　　陽修之影響無疑。

雅・菁菁者莪〉解「樂且有儀」，歐公得之，王氏「曲說，不足取」（《集解》卷 21，頁 409：12a）〈小雅・漸漸之石〉王氏以喻說「漸漸之石」，「非也」。歐公之說「甚簡而徑」底下又說解詩之法當如此（《集解》卷 29，頁 541：21a-b）；王氏以喻解「有豕白蹢」與鄭玄相近，不如歐公「簡徑」（《集解》卷 29，頁 542：22a-b）；〈大雅・棫樸〉諸家（包括王安石）解「倬彼雲漢」一章意不若「歐公之說簡徑而明」（《集解》卷 30，頁 564：38b）

　　類似這種藉歐陽修之說反襯王安石之說的穿鑿、破碎，共約 13 處，參見附表四。雖然在數量上不多，但若連著 42 卷本《集解》來看，「簡徑」的要求是李樗解《詩》的首重要求。這種要求大概是針對漢儒「一經說至百餘萬言」、「說五字之文，至於二、三萬言」的特點而來。除此之外，也和宋儒喜歡論辯、說理的習慣有關。因爲宋儒喜歡論辯，其論述的文字大部分超過毛、鄭的傳箋體式。仔細審閱李樗所標舉的簡勁例證，可以得知「簡勁」之說並不是單純的要求字數的縮減、精簡，而是指向解釋意義的精簡、明確。[43]而李樗卻在集解的過程，不斷的指出王安石之說的瑣碎、穿鑿、分別，尤其是以歐公之說反襯王氏這些缺失，更加強了批評

───────────────

43 關於李樗解《詩》重「簡徑」之說，總計 26 處提集解《詩》以「簡徑」或「簡直」爲要：卷 10，頁 212：17a-b；卷 11，頁 224：6b；頁 236：30a；卷 13，頁 261：5b；頁 265：13b；頁 275：33b；卷 15，頁 299：4a；頁 301：8b；頁 302：10a；頁 313：33a；卷 16，頁 323：18a-18b；頁 323：19a；卷 18，頁 361：21b；卷 20，頁 392：16b；頁 393：19a；卷 23，頁 451：23a；卷 27，頁 512：24a；卷 28，頁 518：4a-b；卷 29，頁 541：21a-21b、21b；頁 542：22b；卷 30，頁 548：7b；頁 564：38b；卷 37，頁 726：41b；頁 727：42a；卷 38，頁 738：12a。

的力道，或者說更突顯出他對《詩經新義》的不滿。

二、與歐陽修相較凸顯的詮釋意義

當我們再回到前面第三、四小節的論述中，相較於王安石，歐陽修影響李樗更深，包括接受詩文解釋的意見、對毛、正的態度與解《詩》的方法等，歐公的力道與層面更深入。雖然李樗並非全面推翻王安石之說，也接受其中不少說法（肯定的比例接近三成：29.58%），但相較於歐陽修，李樗這些肯定的言論很容易被忽略，甚至遺忘。若借用修辭中的對比、反襯詞格來說，則這些歐、王言論相比的文字，更能凸顯李樗的用心，即他對《詩經新義》、對王安石的不滿。這種不滿若不從外緣的政治、社會層面解釋，從內在的詮釋立場、方法來說，筆者以為和兩人對三百篇的基本看法看法有關。

對於王安石來說，註解三百篇是有其明顯的政治動機與目的，和他的變法活動相結合。為了改變士子的觀念與說服那些反對變法的儒者，進而統一士大夫群體的思想和言論，故而有此一系列的「新義」。從《文獻通考·選舉考》的記載可知其中的細節。其中有一段話值得注意，為了改革政治，統一士大夫的思想言論，神宗和王安石討論的結果是從經術上下手：神宗說：「經術，今人乖異，何以一道德？卿有所著可以頒行，令學者定於一。」[44]王安石便以《三經新義》

44　《文獻通考·選舉考四》載王安石之言：「今人才乏少，且其學術不一，一人一義，十人十義，朝廷欲有所為，異論紛然，莫肯承聽，此蓋朝廷不能一道德故也。」又熙寧五年（1072）正月，「上曰：『經術，今人

爲範本，作爲使學者「定於一」、「一道德」的標準。在這種政治勢力的支持之下，其產生出來的弊病不少，時人與後人都提出他們的批評，筆者不再贅述。[45]筆者要說明的是，在這種思想之下，王安石如何詮解經文，解說《詩經》？如何透過對經典的詮釋來統一士子的言論思想？

以三百篇爲例，研究者指出了王安石對「詩」的特殊理解，即將「詩」拆解爲「言」、「寺」，「寺」當指九卿之寺，即官署之地，因此「寺」有「國家秩序、法則」之象徵意義。因此，「詩」爲「法度之言」。再將「法」字的內涵釐清些，則此「法」指的就是國家的「理法」，即國家的秩序和法則。而「禮」正好是國家秩序與法則的代表，故而王安石不時以「《禮》」解「《詩》」，或《詩》《禮》相解。[46]結合王氏著書的政治動機與特殊的詮釋視角，可以這麼說，王安石通過重新整理詮釋經典，其目的與實際解經的表

乖異，何以一道德？卿有所著可以頒行，令學者定於一。』安石曰：『《詩》已令陸佃、沈季長作義。』上曰：『恐不能發明。』王安石曰：『臣每與商量。』五日後，神宗又曰：『朕欲卿錄文字，且早錄進。』安石曰：『臣所著述，多未成就，止有訓、誥文字，容臣綴緝進御。』」《續資治通鑑長編》（北京：中華書局，1979 年），卷 229，頁 5570。

45 如舊黨首領司馬光批評王安石把一家之私學當成科舉考試的標準，認爲他：「不當以一家私學，欲掩蓋先儒，令天下學官講解及科場程試，同己者取，異己者黜。使聖人坦明之言，轉而陷於奇僻；先王中正之道，流而入於異端。」《續資治通鑑長編》卷 371，頁 8976。四庫館臣更說：「安石之意，本以宋當積弱之後，而欲濟之以富強，又懼富強之說必爲儒者所排擊，於是附會經義以鉗儒者之口。」《四庫全書總目》卷 19《周官新義》解題，北京：中華書局，1965 年，頁 149-150。

46 關於王氏對「詩」的看法，及以「《禮》」解「《詩》」之說，參見方笑一：《北宋新學與文學》，2004 年華東師範大學古籍研究所博士論文，頁 45-49。

現，都給讀者一種強烈的感覺，要統一歧說，為經典的大義
定下一套標準的說法，使士子得以遵循。正如學者指出的，
「王安石釋詩往往以王道教化的網眼過濾詩句自身的多義
性、模糊性，解釋在很大程度上是在為自身就經學思想作宣
傳，而謀求新法推行的輿論認同。」[47]這裡需要說明的是，
王安石所統一、規定的「詩義」是指那些具體分散的詩文字
詞，而非「詩旨」，因為王安石基本上是維護《詩序》，同
意《詩序》的說法。如此一來，三百篇的「意義」幾乎被箝
制、框架了，沒有多餘的詮釋空間。甚至只能按照王安石的
那一套邏輯，從「禮」與「法」的政治角度，坐實那些原本
帶有文學筆法（如各種修辭或聯想、幻想）的句子。這才是
李樗最為反感與在意的。

　　那麼李樗覺得最理想的解《詩》法該是如何的？筆者以
為和歐陽修一樣，他們都基本上尊重《詩序》，也保留大部分
的《序》說。但是對於詩旨（《詩序》）和詩句之間的意義該
如何詮說以及其間的距離，都有著相近的看法，即都認為解
《詩》沒有一個或一套固定的途徑，必須按照某一種模式來
詮解詩文才可以，而是將詮釋的權力大部分留給讀者，要求
讀者主動的理解詩文，藉由個人的體會理解，由下而上的追
求聖人或詩人的用意。不是由上而下的，讀者只能被動的接
受某一套固定的說法、觀念。這樣一來，在詩旨與詩句意義
之間留下了可伸縮、變化的空間，而非硬梆梆的鐵板一塊。

---

47 孫寶：〈試論王安石詩新義在詩經闡釋史上的地位及影響〉，中國詩經
　　學會編：《詩經研究叢刊第十一輯》（北京：學苑出版社，2006 年），
　　頁 22-23。

　　最直接的明證即為兩人都提出「推」求詩意的解釋法。如〈小雅・四月〉毛、鄭解「先祖匪人」為作詩之大夫指斥其先祖，歐公說：「失之大者也。且大夫作詩本刺幽王任用小人，而在位貪殘爾，何事自罪其先祖？推於人情，決無此理。……此大夫不幸而遭亂世，反深責其先祖以人情不及之事，詩人之意決不如此。」[48]他指出解詩要從人情事理上去「推求」詩意，因此駁斥了毛、鄭之說。這種「推求」的功夫勢必由讀者去執行，同時也是把解釋的權限轉移到讀者身上。這種「推求」的方法，就歐陽修來說，和孟子提出的「以意逆志」說相近，故而他在〈周南・麟之趾〉篇中說：「孟子去詩世近，而最善言《詩》，推其所說詩義，與今《序》意多同。」（《詩本義》卷1，頁188：11b）因此學者說他解說《詩》義，多採用孟子「以意逆志」的方法。[49]確實，許多學者都注意到歐陽修解《詩》的特色之一便是標舉「情理」（包括人情、事理、物理、文理等），[50]強調從這些個

48　《詩本義》卷8，景印文淵閣《四庫全書・經部・詩類》第70冊，頁240：9b。凡以下引《詩本義》之文字皆出自此版本，引於後標示卷數、頁碼，不再作注。

49　賴炎元與裴普賢都指出歐陽修解《詩》是按照孟子「以意逆志」的方式去推求詩意。參見賴炎元：〈歐陽修的詩經學〉，《中國國學》，1978年4月，頁230；裴普賢：《歐陽修詩本義研究》（臺北：東大圖書公司，1981年），頁99。

50　最早提出歐公解《詩》重「情理」的是晁補之：「歐公解《詩》，毛鄭之說已善者，因之不改，至於質諸先聖則悖理，考於人情，則不可行，然後易之，故所得比諸家最多。」晁公武：《郡齋讀書志》卷二，頁？？。後來的學者紛紛指出這一點，如：裴普賢：《歐陽修詩本義研究》，頁101；何澤恆：〈歐陽修之詩經學〉，江磯編：《詩經學論叢》（臺北：崧高出版社，1985年），頁257；趙明媛：《歐陽修詩本義探究》，中央大學中文學系1990年6月碩士論文，頁128、132；車行健：《詩本

方面的「情理」去判斷詩文大意,是理解三百篇最好的方式
之一。以「情理」解《詩》除了要有常見的人情事理、物理、
文理為基礎,更重要的是運用這些事理去推求的讀者,讀者
要能自己運用反思的頭腦去推敲、尋求詩文意旨方可,和孟
子的「以意逆志」相類。

　　和歐陽修一樣,李樗解《詩》同意孟子的說法:「學《詩》
者當以意逆志,是為得之。」(《集解》卷7,頁 151:5b)
至於如何將「意」與「志」作一個結合,落實在解《詩》的
過程中,李樗並沒有進一步說明,但在徵引歐公的「以意逆
志」一段話中,可知李樗最為反對的就是那種詩文意義晦暗
不清,解釋者卻強加己意的穿鑿之說。歐陽修說:「本義幸
在者,吾既得之矣,其事有難知者,闕之可也」,「經有其
文猶有不可知者,經無其事,吾其可逆意而謂然乎?」(《集
解》卷17,頁 337:9b-337:10a)李樗接著說:「所以治經
蓋能如此則不至於穿鑿破碎大義矣」(頁 338:10a)這裡似
乎意有所指的針對王安石而來,因為「穿鑿破碎」等用語是
李樗最常用來批評王氏的用詞。

　　不過「以意逆志」這個議題本身就是一個需要被詮釋的
說法,而李樗顯然沒有意識到。對他來說,他把「意」解為
讀者之意,「志」解為詩人之「志」,其中「詩人」有一大
部分是指用《詩》來教化後人的聖人。這一點從李樗對《詩
序》的維護態度中便可得知。因為所欲詮釋的目標始終擺在

義析論 —— 以歐陽修與龔橙詩義論述為中心》(臺北:里仁書局,2002
年),頁 65-66。另外,筆者博士論文論及歐陽修解《詩》法,也分立
小節說明,參見簡澤峰《宋代詩經學新說研究》,頁 160-163;170-172。

詩人（聖人）之志，因此，對於孟子的「以意逆志」之說，李樗多半強調、要求讀者不要拘泥於文辭表面之意，而是深入詩人（聖人）背後的用意（情志）。[51]至於如何深入、掌握聖人的用意？李樗要求讀者用「推求」的方式來體會、認識詩文之大意。如論〈小雅・桑扈〉詩只見「稱美古人之德，安知其為刺詩？……蓋詩之辭雖善，而以音雅推之，則知其為刺詩；詩之辭雖不善，而以音雅推之，則知其為美詩。此所以審聲以知音，審音以知樂，審樂以知政。」（《集解》卷27，頁514：28a-28b）從樂音的「雅」可以推知此詩為諷刺之意，甚至與其他詩篇對看，可以進一步掌握〈桑扈〉詩人要表達的意涵：「故以〈湛露〉觀之，則知〈桑扈〉之思古；以〈賓之初筵〉觀之，則知〈桑扈〉之傷今。」（頁515：30b-31a）

又如說〈小雅・鴛鴦〉「只言鴛鴦而序詩者便以為明王交萬物有道，但以鴛鴦而觸類，則見其交萬物有道皆然也。此學詩者之法也。」（《集解》卷28，頁517：3b）「觸類」指依此類推的聯想、推廣法。這種類推的方法也是李樗強調的一種學詩法：「學詩者當通其倫類，以詩之所言而求其所未言，則可以通詩矣。」（《集解》卷39，頁766：31a-31b）先不論這種從「已說」的去推求「未說」可能引起的問題失，因為其中牽涉到詮釋的標準問題，就這種觀念而言，其背後

---

51 關於李樗對孟子「以意逆志」的理解與運用共計11處，參見《毛詩李黃集解》卷12，頁248：14b-15a；255：29b-256：30a；卷24，頁461：8b；卷26，頁491：13b；頁495：20a；卷34，頁642：5a；卷35，頁672：17b；頁681：34b；卷37，頁727：43a；卷40，頁773：6a；卷41，頁801：27b。

就是賦予讀者部分詮釋的空間，並且不把詩意說死，留待相當模糊、想像的空間給讀者，[52]這就是李樗解《詩》與王安石最大的不同。李樗甚至將「以意逆志」與「大意」結合，指出孟子的逆志法是要讀者理解《詩經》之「大意」，而非瑣碎、片段的章句文字。如論〈魏風·十畝之間〉：「觀《詩》者當觀其大意，若泥於文字之間則拘矣。……孟子曰以意逆志，是為得之，蓋謂此也。」（《集解》卷 12，頁 248：14b-15a）論〈唐風·山有樞〉云：「學詩當求其大意，不可泥於章句文字之末……，故曰以意逆志，是為得之。」（《集解》卷 12，頁 256：29b-30a）類似只求大意不細論字詞句意的言論在《集解》中出現極多，如「說詩者不可泥於一字之間」（《集解》卷 3，頁 80：32b）；「讀《詩》者當觀其意，不可苛細繳繞，如法家流也」（《集解》卷 4，頁 102：23b）「不溺於言語之間，知此則可以言《詩》矣」（卷 5，頁 114：4a），甚至直接點名王安石的解釋法正好犯了這種毛病：「泥於文字章句之末，不可取也。」（《集解》卷 10，頁 215：23a-23b）[53]

回到李樗徵引歐陽修與王安石的對比情況來看，我們可

---

52 如說〈菀柳〉「此詩但言諸侯不肯朝王，則暴虐無親，刑罰不中，其意自可見，不必於詩中求之也。如〈葛覃〉之序言化天下以婦道，而詩中未嘗說及化天下婦道；〈卷耳〉之詩言無險詖私謁之心，詩中亦未嘗及此。學詩者觀其意之如何，知其意則其《序》曉然明白，此學詩者之法也。」《集解》卷 28，頁 530：29a。同樣說〈有女同車〉是「詩人推原其見逐之由，蓋本於辭齊之昏，故詩人作以刺之也。……以詩考之，所謂卒無大國之助，至於見逐者，乃是國人推原其見逐之由，不必求於詩中也。」《集解》卷 10，頁 211：14。

53 其他類似強調解《詩》通「大意」，而非注重章句文字表面之意的言論，分見《集解》卷 9，頁 193：15a；卷 15，頁 304：15b；卷 20，頁 396：24a；卷 32，頁 604：39b。

以這麼說，李樗認同歐陽修的解《詩》觀點就是他反對王安石的最主要理由，即解《詩》不當陷入王氏那種如法家者流，追求詩文字字句句確實的解釋，把讀者可以想像、詮釋的空間鎖死。反對那種由上至下，指導讀者，要求讀者遵守一致、統一的解釋。而是讓出詮釋的部分權限，要求讀者發揮主動的理解能力，以意逆志，推求詩意。

陸、小　結

根據黃震（1213-1281）所言，李樗原本的解《詩》著作（《毛詩詳解》）完成於南宋初，其著作的體式就是集解體，藉由蒐羅各家意見，然後進行判斷，像陳振孫（1183？-1262？）說的：「博取諸家之說訓釋名物文意，末用己意為論以斷之。」[54]然而在徵引博取的同時，李樗已經將個人的意見寄寓其中，尤其是對王安石的批評裡。透過上述幾個面向的整理說明，可以得出幾個結論：

第一，《詩經新義》的「新」有多種意涵，包括（一）對毛、鄭舊說的不信任；（二）其二，用「理學」的角度解《詩》；（三）注重「致用」，解《詩》帶有濃厚政治意涵；（四）善用譬喻之說，為詩文取得新的意義。因為它是宋代

---

54 黃震云：「本朝伊川與歐、蘇諸公又為發其理趣，《詩》益煥然矣。南渡後，李迂仲集諸家，為之辯而去取之。」《黃氏日抄》，《景印文淵閣四庫全書》第 707 冊，卷 4，頁 27：1a。陳振孫語見氏著：《直齋書錄解題》上冊（臺北：廣文書局，1979 年），頁 99。

士子科考的必讀之書，在當時掀起了一波波瀾，隨之而來的批評聲浪彼此激盪、沖擊，李樗的《毛詩詳解》即是在這樣的背景下，有針對性的為三百篇做出詮釋的著作。

第二，李樗《集解》不只批評王安石，也批評毛、鄭之說，主要批評的焦點集中在他們的解釋往往過於繁瑣、衍伸、聯想，所以李樗常以附會穿鑿、迂曲等說來指摘他們。與繁瑣、衍伸相反的是「簡徑」，這是李樗解《詩》特別強調的一點。但需要說明的是，李樗與王安石都在尊《序》、同意《序》說的前提下進行解詩，因此李樗對王氏的批評集中在他對「詩文字句」的解釋，而非「《詩》旨」。

第三，李樗治《詩》受到王安石的影響，尤其是對毛、鄭舊說的態度這一方面。這也是使李樗被列為宋代「新派」治《詩》學者之列最重要的原因。解《詩》注重三百篇對現實政治的作用也受到王安石的啟發。因此李樗對於王安石的態度並非一面倒的否定，也有側面的吸收與肯定之處。

第四，與徵引歐陽修的解《詩》內容相較，李樗顯然把歐陽修當作正面的示範，王安石則是負面解《詩》的代表，不斷的批評。借歐陽修反襯王安石之說的無理，凸顯王氏之說的不可信。而這種對比差異背後，其實是兩者間詮釋立場的不同，也是李、王二人對三百篇基本態度的不同。王安石通過重新整理詮釋經典，其目的在於統一歧說，為經典的大義定下一套標準的說法，使士子得以遵循。常常用王道教化的網眼過濾詩句自身的多義性、模糊性，把散見的詩句之「意義」箝制、框架了，沒有多餘的詮釋空間。李樗則是反對那種由上至下，指導讀者，要求讀者遵守一致、統一的解釋。

賦予讀者部分詮釋的空間，並且不把詩意說死，留待某些模糊、想像的空間給讀者。

附表一：李樗對北宋諸儒引用表

	國　風		小　雅		大　雅		頌	
	肯定	否定	肯定	否定	肯定	否定	肯定	否定
歐陽修	73	31	41	22	16	8	13	4
王安石	51	146	32	76	22	29	16	32
二　程	53	27	15	6	2	3	0	0
蘇　轍	54	43	43	31	26	9	21	8
楊龜山	18	2	3	0	1	0	2	0
張　載	5	3	2	0	0	0	2	0
陳少南	2	0	5	0	5	2	2	0
徐安道	1	2	3	3			1	1
徐　氏	3	0						
鄭　樵	0	1						
劉　氏	2	0						
邵　氏	0	1						
黃魯直	3	1						
呂吉甫	1	1						
胡文定	1	0						
張　氏	1	0						
劉內翰	1	0						
沈內翰	2	0						
段　氏	1	0						
陸　氏	1	0						
沈　羲	2	0						
馬　氏	1	0						
沈存中			1	0				
蘇　洵			1	0				
李祭酒			1	0				
蘇　軾					1	0	1	0
曾南豐					1	0		
司馬光					1	0		
李君奭							1	0

趙先生						1	0
范內翰						1	0
高平公						1	0
張文潛						0	4

備註：*本表爲黃師忠慎與本人合作完成

李樗尚有少部分對北宋諸儒說法不置可否的：

　　〈國風〉：王氏 5；程氏 1；蘇氏 3；徐安道 2

　　〈小雅〉：歐氏 1；蘇氏 2；張載 1；鄭樵 1；徐安道 1

　　〈頌〉：蘇氏 1；張載 1

附表二：李樗對王安石等主要引用人之意見認同比率表

	十五國風		二雅		三頌		總合	
	肯定	否定	肯定	否定	肯定	否定	肯定	否定
王安石	51	146	54	105	16	32	121	283
	25.24%	72.27%	33.96%	66.03%	33.33%	66.66%	29.58%	69.19%
蘇　轍	54	43	69	40	21	8	144	91
	54%	43%	62.16%	36.03%	70%	26.66%	59.75%	37.75%
歐陽修	73	31	57	30	13	4	143	65
	70.19%	29.8%	64.77%	34.09%	76.47%	23.52%	68.42%	31.1%
二　程	53	27	17	9	0	0	70	36
	65.43%	33.33%	65.38%	34.61%	0	0	65.42%	33.64%
楊　時	18	2	4	0	2	0	24	2
	90%	10%	100%		100%		92.3%	7.69%
陳鵬飛	2	0	10	2	2	0	14	2
	100%		83.33%	16.66%	100%		87.5%	12.5%
張　載	5	3	2	0	2	0	9	3
	62.5%	37.5%	66.66%		66.66%		64.28%	21.42%
徐安道	1	2	3	3	1	1	5	6
	20%	40%	42.85%	42.85%	50%	50%	35.71%	42.85%

*本表爲黃師忠慎與本人合作完成

附表三：李樗引歐陽修之說駁斥毛、鄭表

編號	篇名	徵引人	內容概說與卷數、頁碼
1	〈葛覃〉	王氏（反）歐公（正）	對葛覃的譬喻與鄭玄相似不如歐公，歐公曾破鄭玄之說，卷2，頁37：4b
2	〈卷耳〉	王氏（反）歐公（正）	與鄭玄對「周行」的解釋同荀子，不如歐公以爲只是譬喻，卷2，頁41：12b-13a
3	〈螽斯〉	歐公（正）	歐公反鄭玄以「情慾」角度解螽斯，卷2，頁46：23b
4		歐公（正）	同意歐公反對毛公對「振振」、「繩繩」的解釋，卷2，頁47：25a-b
5	〈甘棠〉	歐公（正）	駁毛公以「蔽芾」爲小貌，可以舍息於棠下則非小樹，卷3，頁73：18b
6	〈摽有梅〉	歐公（正）王氏（反）	毛鄭解梅實三七是「泥」於《周禮・媒氏》，歐公云詩人以梅實爲戒，欲吉士即時。王氏說與毛鄭相似，以梅結實之時爲婚姻之正時，失之則不宜，卷3，頁82：37a-83：38a
7	〈野有死麕〉	王氏（反）歐公（正）	鄭玄以《周禮・昏禮》解，王氏取用故云「昏禮贄不用死，今用死則非禮之正也」歐公解爲紂時無教化，連吉士都誘女以非禮，其餘可知，卷3，頁88：48a-b
8	〈邶風・柏舟〉	王氏（反）歐陽（正）	鄭玄解「我心匪鑑」云我心非如鏡能察別黑白，歐陽以爲不然，解爲鏡「不擇妍醜皆納其影，……仁人之心也不能兼容善惡」卷4，頁98：14a-b
9	〈擊鼓〉	王氏（反）歐公（正）	王氏解「契闊」與下文不相貫，不如毛氏。歐公取王肅之說，得之。卷4，頁109：36a-b
10	〈匏有苦葉〉	歐公（正）	毛公解《序》「夫人」爲「夷姜」，歐公解「夷姜」爲宣公之父姜，歐公得之。卷5，頁114：5b
11	〈匏有苦葉〉	王氏（反）歐公（正）	駁鄭玄「牝牡」之說得之，頁115：7a
12	〈簡兮〉	歐公（正）	駁鄭氏說「左手執籥」二句，卷5，頁127：30a-b

13	〈牆有茨〉	王氏（反）歐公（正）	王氏說「牆有茨」之「牆」的意涵與毛同「不可取」，歐公之說得之（與詩意緊密相關）卷6，頁142：22b-23a
14	〈考槃〉	王氏（反）歐公（正）程氏（正）龜山（正）	從毛氏「碩人」之說，歐公、程氏、龜山皆破之。但「歐陽之說又不如程氏、楊氏之說爲善」，卷7，頁164：31a-b
15	〈　氓　〉	歐公（正）	駁鄭玄說「復關」二句不成「文理」，卷8，頁170：4a
16		歐公（正）	據《序》駁鄭玄說「于嗟鳩兮」二句意，卷8，頁170：4b
17	〈木瓜〉	歐公（正）	不取鄭氏「玩好」之說，卷8，頁179：23a
18	〈葛藟〉	歐公（正）	說「九族」勝於鄭氏，卷9，頁190：8b
19	〈采葛〉	歐公（正）	毛鄭解「采葛」「采蕭」「采艾」等喻，歐公破之，卷9，頁191：11b-192：12a
20	〈丘中有麻〉	歐公（正）王氏（正）	解「將其來食」勝毛鄭，卷9，頁195：19a
21	〈叔于田〉	歐公（正）王氏（反）	鄭玄之說歐公破之，「王氏之說其鑿又甚」，卷9，頁200：29a
22	〈女曰雞鳴〉	歐公（正）	駁斥鄭說「不合人情」，李樗同意，卷10，頁209：11a
23	〈褰裳〉	歐公（正）	駁斥鄭氏「子惠思我」等二句，卷10，頁215：22b
24	〈子衿〉	歐公（正）程氏（正）	說「青青子衿」二句，二說勝鄭氏，卷10，頁219：31a
25	〈野有蔓草〉	歐公（正）	駁斥毛公、鄭玄說「蔓草」之興，卷11，頁223：4a
26	〈園有桃〉	王氏（反）歐公（正）蘇氏（反）	解「園有桃」之意，「以歐氏觀之，則知王、鄭之說爲不足取」，蘇氏「終不如毛之詩說爲安」，卷12，頁245：8a
27	〈椒聊〉	歐公（正）	取毛公「朋比」之意，不用鄭玄朋黨之意，卷13，頁260：3b
28	〈綢繆〉	蘇氏（反）王氏（反）歐公（正）	解首二句「束薪」，蘇、王氏皆用喻解，與毛公說近似，歐公則用鄭玄意，以爲「其意簡而直，當從鄭說」，卷13，頁261：5b

29	〈采芑〉	歐公（正）	歐公破毛氏解首二句之說以爲「無徵」，卷13，頁275：33a
30		歐公（正）	說采芑之喻鄭玄說勝於毛公，但「不如歐氏之說簡而明」，卷13，頁275：33b
31		歐公（正）	鄭玄解「舍旃舍旃」四句「以四句分爲二事，歐氏破其說」，以下文推知非二事，卷13，頁276：34a-b
32	〈蒹葭〉	歐公（正）	以喻解蒹葭勝過鄭玄，卷14，頁287：18a
33	〈終南〉	歐公（正）	破鄭氏「秦處周之舊土」之說。卷14，頁289：23a
34	〈鴟鴞〉	歐公（正）	破鄭玄解「無取我室」之「室」，卷18，頁352：4a
35	〈小雅‧鹿鳴〉	歐公（正）	破毛公以「誠懇」解「呦呦鹿鳴」，卷19，頁368：4b
36	〈皇皇者華〉	歐公（正）王氏（正）蘇氏(正)	三人解「每懷靡及」勝於毛鄭，卷19，頁375：18a
37		歐公（正）	毛鄭據《左傳》解「周爰咨諏」，歐公破之以爲「不成文理」，卷19，頁375：18b-19a
38	〈湛露〉	歐公（正）	駁鄭玄「湛露」之喻，卷21，頁406：6a
39	〈鴻雁〉	歐公（正）王氏（正）	說「鴻雁」之喻，二人之說比鄭氏爲優，卷22，頁427：7a
40	〈沔水〉	歐公（正）蘇氏（反）	解「嗟我兄弟」四句，歐公不取鄭說，蘇說與鄭說近，因爲「未得詩人之本義」，卷22，頁431：14a-b
41	〈斯干〉	歐公（正）	分章與鄭氏不同，鄭氏解「如竹苞矣」二句不如歐公「其說爲優」，但是鄭氏解此章之意仍得之，故云「從其（歐公）說而用鄭氏之意」，卷23，頁441：2b
42		王氏（正）蘇氏（正）歐公（正）	解「無相猶矣」之「猶」，毛鄭之說不如三人，卷23，頁441：3a
43	〈無羊〉	歐公（正）	解第四章意，歐公破鄭氏之說，卷23，頁446：12a-b
44	〈節南山〉	歐公（正）	解「不弔」之「弔」，歐說勝毛鄭，卷23，頁449：19b

45	〈正月〉	王氏（反）歐公（正）	解「今茲之正」的「正」，王說勝於鄭氏，「然不如歐氏之說正爲政事之政」，卷 23，頁 455：31b
46	〈小宛〉	蘇氏（反）歐公（正）	解首二句之意，蘇說與毛公同，歐公破毛氏之說，卷 24，頁 468：21a-b
47		歐公（正）	破毛公解「交交」爲「小貌」，卷 24，頁 469：24b
48	〈巧言〉	歐公（正）蘇氏（正）	解「予慎無罪」之「慎」，毛公不如歐、蘇，卷 25，頁 476：11b
49	〈何人斯〉	歐公（正）	解「其心孔艱」鄭氏說不如歐公，卷 25，頁 480：19a
50		歐公（正）	鄭玄不以喻解「魚梁」，歐公破之，當以喻解，卷 25，頁 480：19a
51	〈大東〉	歐公（正）	駁鄭氏解「小東大東」二句爲「衍說」，卷 26，頁 488：7b
52	〈采菽〉	歐公（正）	駁斥鄭玄解「觱沸檻泉」之意，「已辯之矣」，卷 28，頁 526：21b-527：22a
53	〈角弓〉	歐公（正）	解「老馬反爲駒」等句勝毛、鄭之說，卷 28，頁 529：27a-b
54	〈漸漸之石〉	王氏（反）歐氏（正）	歐公辯鄭玄之說，王氏之說則「未盡」，卷 29，頁 541：21b
55	〈大雅·文王〉	歐公（正）	解「緝熙」二字不從鄭玄，鄭玄依《爾雅》，而《爾雅》非聖人書，卷 30，頁 549：9a
56	〈思齊〉	歐公（正）	解「惠于宗公」之「宗公」，歐公辨鄭玄說之誤，卷 31，頁 568：6a
57		歐公（正）	駁「無射亦保」鄭玄解「射」之說，卷 31，頁 568：7b
58	〈皇矣〉	歐公（正）	駁鄭玄說「四國」爲某四國，當指四方之國，卷 31，頁 571：12a
59	〈生民〉	歐公（正）	駁斥后稷初生神怪之傳說，卷 32，頁 586：3a
60	〈鳧鷖〉	歐公（正）	破鄭玄之說，正是「曲爲分別」、「皆臆說也」，卷 32，頁 606：42b
61	〈卷阿〉	歐公（正）	駁鄭玄「有馮有翼」之說，卷 33，頁 628：27b

62	〈時邁〉	歐公（正）	駁鄭玄「右序有周」之解，卷 37，頁 723：35a
63	〈有客〉	歐公（正）	破鄭氏之說，「此詩語辭，不必亂生枝葉」，卷 38，頁 748：33b
64	〈敬之〉	歐公（正）	解「命不易哉」之「易」爲難易之易，勝鄭玄，卷 39，頁 756：11b
65	〈酌〉	歐公（正）	駁鄭玄「遵養時晦」之說，卷 39，頁 767：33a-b
66	〈商頌・那〉	歐公（正）	解「置我鞉鼓」之「置」，破鄭玄以「植」解「置」說，卷 41，頁 800：25b-801：26a
67		歐公（正）	解「湯孫」，勝鄭玄太甲之說，卷 41，頁 801：26b
68	〈玄鳥〉	歐公（正）	說簡狄吞卵生一事不可信，爲學者好奇，卷 42，頁 805：8b-806：9a
69	〈長發〉	歐公（正）	解「玄王」之稱勝鄭氏，「此說得之」，卷 42，頁 808：13b

附表四：李樗引歐陽修之說反襯王安石穿鑿、瑣碎之說表

編號	篇名	徵引人	內容概說與卷數、頁碼
1	〈匏有苦葉〉	王氏（反）歐公（正）	王氏以喻解「匏葉」將詩意二句分爲二意，不如歐公據《左傳》解，卷 5，頁 115：6a
2	〈北風〉	王氏（反）歐公（正）程氏(正)	解「其虛其邪」「只作如字讀」，「其說鑿矣」，不如歐公、程氏卷 6，頁 134：7a-b
3	〈相鼠〉	蘇氏（反）王氏（正中有反）歐公（正）	說鼠之有皮無禮之喻，王氏將三章分爲三意，「不合三章分別之言」，「鑿也」，卷 7，頁 155：13a-b
4	〈叔于田〉	歐公（正）王氏（反）	鄭玄之說歐公破之，「王氏之說其鑿又甚」，卷 9，頁 200：29a
5	〈子衿〉	歐公（正）程氏（正）王氏(反)	解「挑兮達兮」，先列毛氏與三人說後云「其說之不同如此」，又舉王氏二說云「皆是鑿說也。其說難明，……程氏之說與歐陽同，今且從程氏歐陽之說」，卷 10，頁 219：31b-220：32a

6	〈綢繆〉	蘇氏(反)王氏(反)歐公(正)	解首二句「束薪」，蘇、王氏皆用喻解，與毛公說近似，歐公則用鄭玄意，以爲「其意簡而直，當從鄭說」，卷13，頁261：5b
7	〈羔裘〉	蘇氏(反)王氏(反)歐公(正)	解「羔裘」服飾的寓意，「蘇氏之說皆有王氏之失」，只有歐公取鄭玄之說，而鄭玄之說「其意簡而直」，卷13，頁265：13a-b
8	〈蒹葭〉	歐公(正)王氏(反)	以興解「所謂伊人」二句，卷14，頁287：19a-b；王氏之說「尤爲苛細暗昧爲難通」，頁287：19b；
9	〈防有鵲巢〉	王氏(反)蘇氏(反)程氏(反)歐公(正)	王氏說四章爲四意「逐句各生文義，則其辭牽強固已勞矣」，蘇氏說「取喻不切」，程氏「以二句分爲善惡」皆不如歐陽氏，卷15，頁312：30b
10	〈菁菁者莪〉	歐公(正)王氏(反)	解「樂且有儀」，歐公得之，王氏「曲說，不足取」，卷21，頁409：12a
11	〈漸漸之石〉	王氏(反)歐公(正)蘇氏(反)	以喻說「漸漸之石」，「非也」；歐公之說「甚簡而徑」底下又說解詩之法當如此。蘇氏之說不如歐氏「簡徑」卷29，頁541：21a-b
12		王氏(反)歐氏(正)張載(正)	王氏以喻解「有豕白蹢」與鄭玄相近，不如歐公「簡徑」，張載之說「尤分明」，卷29，頁542：22a-b
13	〈棫樸〉	歐公(正)王氏(反)	諸家解「倬彼雲漢」一章意不若「歐公之說簡徑而明」，卷30，頁564：38b

第三章　朱子的經典詮釋法解析
── 以《詩經》為例

壹、前　言

　　不可否認的，朱子（1130-1200）是中國歷史上少有的多產作家之一，而這些等身的作品能大部分的流傳下來，和他對中國文化影響的深重有關。當然，其中大部分的作品並不是風花雪月一類，充滿感性與激情的文學作品，而是懷抱著謹慎與尊崇的態度，為聖賢流傳下來的經典作疏解的解經著作。在讀書與解經之餘，朱子累積這些經驗，為向門人弟子或友人道出了他自己的看法與心得，這其中自然包括了他的詮釋觀點。以《朱子語類》為例，書中記載了許多朱熹對於讀書方法、解經方法的文字，甚至某些篇卷直接以「讀書法」為名 ── 如「總論為學之方」、「讀書法」。對於朱子的讀書法或詮釋法，後人的研究不少，本文雖然與前人之研究雷同，但為了能將朱子的詮釋觀點作更詳盡的說明，本文擬以熟讀、涵泳、玩味、虛心等幾個朱子常常提及的重要讀書解經法為例，分析其內涵與所引發的可能性問題，並利用西方

詮釋學的某些觀點為參照，試圖勾勒出一幅較為清晰的朱子詮釋形象。透過基本的整理與分析，筆者以為朱子的讀經、解經法基本上是相合一的，而最主要的方法不外乎「虛心涵泳」、「熟讀玩味」等強調讀者對經文本身的熟悉為前提，進一步的從熟讀、玩味中去體會經文的本意。這種詮釋觀點基本上並沒有多大的創見或發明，但是其中蘊藏了他的詮釋觀點，而這種觀點可能達到的效果與可能引發的問題也隨之而來。熟讀涵泳、虛心玩味式的讀經、解經法，看似尊重經文本身的權威，強調經文在釋意的過程中，其第一順位的不可動搖性。但這些在虛心、涵泳之餘，還需要讀者本身的「體會」才能發揮作用，將經典上頭的文字活絡過來。讀者的體會在詮經釋意的過程中，佔了另外百分之五十的作用，是一種催化劑、發酵劑。因此，在這種體會的讀經解經法之下，詮釋的標準、依據就不全然是經文本身而已，還要讀者的作用加入方可。在這種體會的詮釋法後，隨之而來的是詮釋的效果問題。無可避免的是，經典與讀者之間有不可跨越的時間距離，因為時間距離造成的語言文字障礙必需清除，所以訓詁的難題必先解決。就朱子而言，克服這個距離最好的工具便是讀者本身天生具來的推理能力，因此那些基本的訓詁問題就在這種方式下得到解決，但隨之而來的問題也跟著浮現，因為訓詁的工作並不是依靠學者表面的推理便可以完成，所以造成了他自己在解釋的過程中不少的誤解與過失。

貳、從熟玩涵泳、玩味到浹洽的讀書綱領

　　余英時曾稱讚朱子為講中國傳統讀書法講的最親切的人，[1]而事實上，確實也是如此。如欲瞭解朱子的讀書方法與詮釋觀點，則那些直接從他口中道出、手裡寫出的文字無疑是最直接方便的材料了。從朱子與朋友、門人之間的對答、書信中，如何讀書、解經是彼此之間經常談論的話題。朱子經常提醒門人或請益的學者，讀書先要「熟」。許多其他討論讀書解經的方法便是圍繞著「熟」字而來。「熟」作為一種讀書法，自然指對經文的熟爛、熟悉而言。朱子之所以特別標舉「熟」，自然有其原因。從朱子的書信、談話中，大約可以得知他的熟讀理論。首先，熟讀經文的好處在於能幫助讀者對經文的瞭解。因為道理就在經文中，而欲瞭解其中道理，必需熟讀。有如喫飯、吃食物一般，經過仔細的咀嚼後，其滋味自出。「**大凡讀書，須是熟讀。熟讀了，自精熟，精熟後，理自見得。如喫果子一般，劈頭方咬開，未見滋味，便喫了。須是細嚼教爛，則滋味自出，方始識得這箇是甜是苦是甘是辛，始為知味。**」[2]書中的道理有如食物中的滋味，

1　余英時先生在〈怎樣讀中國書〉一文所言：「中國傳統的讀書法，講得最親切有味的無過於朱熹。……朱子不但現身說法，而且也總結荀子以來的讀書經驗，最能為我們指點門徑。」收入氏著：《錢穆與中國文化》（上海遠東出版社，1994 年），頁 310。

2　黎靖德編、王星賢點校：《朱子語類》（北京：中華書局，1999 年）卷十，「讀書法上」，頁 167。以下所引此書之文字皆為此版本，不再作注。朱子在《語類》中相似的話頭很多，分見《語類》卷十，「學四，讀書法上」，頁 170；「學五，讀書法下」，頁 188；191；卷一一三，「朱子十，訓門人一」，頁 2744；卷一一七，「朱子十四，訓門人五」，頁 2818。

必需細嚼慢嚥才能品嚐其中美味。所以越讀越熟，越熟越有滋味，則學更近一層。所以說：「**是知書只貴熟讀，別無方法。**」（《語類》卷 10，「學四，讀書法上」，頁 170）之所以確定「熟讀」能得出道理，吃出滋味，還必需有「反思」的工夫在才行。因此朱子舉孔子說的：「**學而不思則罔，思而不學則殆。**」為例，說明熟讀的正確方法：「**嘗思之，讀便是學。夫子說『學而不思則罔，思而不學則殆』，學便是讀。讀了又思，思了又讀，自然有意。若讀而不思，又不知其意味；思而不讀，縱使曉得，終是嵴嶇不安。**」（《語類》卷 10，「學四，讀書法上」，頁 170）「思」與「學」之間的關係，從「熟讀」的過程中展露無疑，也說明了「熟讀」必需伴以「思」的精神活動，而不只是空口白話的誦讀熟悉而已。[3]

　　熟讀的目的自然在瞭解道理，但若是道理在第二次閱讀或第十次閱讀時已經知曉，那麼第二次、第十次以後的閱讀是否就成了不必要的浪費？對於熟讀應該熟到何種程度，朱子並沒有確切的說明。但是可以肯定的是，熟讀並沒有一個程度上的限制。就朱子而言，每一次的閱讀所能瞭解的道理都不一樣，而且有內涵上質的差別。第一次閱讀後所能掌握的道理與第十次、二十次、三十次顯然有優劣之別。朱子強調對經文越熟，則掌握的道理越精淳。因此，熟讀並沒有一

---

3 朱子又說：「大抵觀書先須熟讀，使其言皆若出於吾之口；繼以精思，使其意皆若出於吾之心，然後可以有得爾。然熟讀精思既曉得後，又須疑不止如此，庶幾有進。若以為止如此矣，則終不復有進也。」《語類》卷十，「讀書法上」，頁 168。

個界限。他說：「聖人言語，一重又一重，須入深處看。若只見皮膚，便有差錯。須深沉，方有得。」（《語類》卷114，「朱子十一，訓門人二」，頁2767）也如吃果子一般，滋味在裡面，因爲「先儒亦只是如此說。然道理緊要卻不在這裏，這只是外面一重，讀書須去裏面理會，……如喫荔枝，須喫那肉，不喫那皮。公而今卻是剝了那肉，卻喫那皮核！」（《語類》卷120，「朱子十七，訓門人八」，頁2887）如果說道理在果子裡面，在文字裡面，那麼朱子似乎隱然的承認了有兩種以上的道理，接受了「言外之意」的說法。言外之意若放在解釋經典的路程中，它可以是一種終極的目標，是在地圖上並沒有指明的一個理想國度，也可以是一個失落的桃花源，必需靠著旅客自己去推敲尋找。且言外之意是否等同於「本意」？又是另外一個問題。這個問題筆者將於後文再討論，這裡先擱置不談。

　　熟讀作爲朱子讀書解經的方法，前云「反思」是促進熟讀效果的最佳催化劑，因爲「思維」有如消化食物的胃酸，如讀書只是口頭諷誦而不加思維，則如將食物放至胃裡而不加消化一般，久之自然得病。[4]熟讀加上思維，與朱子常用的那些「涵泳」、「玩味」、「沈潛」等詞語，其內涵相近。「涵泳」或「玩味」、「沈潛」本身便以時間作爲基底，要求讀者用細讀、慢嚼的方式，對所閱讀的經文加以消化吸收，

---

4 朱子云：「讀書正要精熟，而言不用精熟；學問正要思惟，而言不可思惟，只爲此兩句在胸中做病根。正如人食冷物留於脾胃之間，十數年爲害。所以與吾友相別十年只如此者，病根不除也。」《語類》卷一二一，「朱子十八，訓門人九」，頁2918。

然後自然領會出其中道理。朱子說：「*所謂『涵泳』者，只是子細讀書之異名。*」（《語類》卷 121，「朱子十八，訓門人九」，頁 2928）「沈潛」也是如此：「*觀書，須靜著心，寬著意思，沈潛反覆，將久自會曉得去。*」（《語類》卷 11，「學五，讀書法下」，頁 181）因此，這「玩味」、「涵泳」、「沈潛」與「熟讀」四者之間，朱子常常連著混用，所謂「熟玩」、「玩味涵泳」、「沈潛玩索」等說法，其義含都相近。但所玩味、涵泳、沈潛之物爲何？朱子似乎沒有明說。從他這些言論看起來，玩味涵泳的對象有兩層。第一自然爲經文本身，第二則爲「理」。就讀書這件行爲看來，要求學者熟讀、玩味、涵泳，自然是要先從書本上下手，因此應該熟讀的東西就是經文，或者與經文有關的註解、舊說。朱子說：「*大抵讀書求意，寧略毋詳，寧疏毋密，有餘地也。詳故碎，密故拘。……但於所讀之書經文注腳記得首尾，通貫浹洽，方有可玩繹處。如其不然，泛觀雜論，徒費日月，絕無所益也。*」[5]要求「寧略毋詳，寧疏毋密」的原因在於怕太多的註解、傳文妨礙了讀者對經文的瞭解，因此在熟讀玩味之前，必需先有一個選擇的工夫要作，先篩選那些不合適的、多餘的註解、傳文，然後再進行熟讀玩味的工夫。包括前人的舊說也是：「*大抵讀書當擇先儒舊說之當於理者，反覆玩味，朝夕涵泳，使與本經之言之意通貫浹洽於胸中，然後有益。*」（《朱熹集》卷 62，〈答李晦叔〉，頁 3246）所以說，熟讀雖然是學者讀書時最基本的工夫之一，但就其工夫順序而

5　郭齊、伊波點校：《朱熹集》（四川教育出版社，1996 年），卷六十二，〈答張元德〉，頁 3213。以下所舉《朱熹集》皆爲出此版本，不再作註。

言，並不是第一位的。在熟讀之前仍須作依判斷的工作，先判斷篩選何者爲適宜的說法，何者不是，然後再進行玩味涵泳的精熟工作。表面上看來如此說法極爲完備，但其中仍蘊含不少的問題。因爲要能判斷何者爲是何者爲非，表示要先理解才能卜判斷。而讀者在閱讀文本之前其實對經文的內蘊並不理解，甚至讀經的目的就在理解經文，何以在理解之前要求讀者對此經文有先的理解？可見熟讀玩味之工夫就朱子而言，並不是第一序的，也就是說，熟讀玩味的讀書法是要求讀者在有了基本的理解之後，針對那些「合適」的舊說、註解作更進一步的理解，如此得到的理解就成了第二層次的，比第一種基本的理解還要高的理解。這種理解顯然才是朱子所重視的。這樣又回到我們之前說的，朱子對於經典中的道理有高下的區分，認爲經文中的道理最少有二層以上。基本的道理在於經文表面上，但更高更深的道理在經文文字之下，必需沈潛涵泳玩味之後才能瞭解體悟，而這第二層的道理才是真正的真理。朱子對這第二層的道理同樣沒有直說，但是可以肯定的是，這第二層的道理與修身有關，即爲理學家追求的「理」。

　　對朱子而言，他雖然強調格物窮理，有側重「智識主義」（intellectualism）的傾向，[6]但是讀書最終的目的、根本仍在知「道」。所謂「學以知道為本，知道則學純而心正，見於行事，發於言語，亦無往而不得其正焉。」（《朱熹集》，卷 34，〈答汪尚書〉，頁 1276）只是學而不知道，則心無所

6　余英時：《論戴震與章學誠》（台北：東大圖書公司，1996 年），頁 328-330。

取正，其後果難以想像。朱子在許多討論讀書的地方，往往也將讀書與修身、求道相連。[7]甚至前云與讀書有關的涵泳、玩味、沈潛等語詞，都與朱子基本的修身哲學有關。他曾將讀書的竅門做成一口訣：「斂身正坐，緩視微吟。虛心玩味，切己省察。」（《朱熹遺集》卷1，〈與黃直卿書〉，頁5631）這裡已將省察與玩味合在一起說，顯然的「玩味」所玩之對象已不僅是經文而已，還有經文中的道理、義理。這道理、義理又要與讀者自身切己相關，用省察的工夫來檢視。因此「玩味義理」、「玩味體察」等詞語，其所表達的意涵便傾向於修養成德的工夫論，而不再只是單純的讀書識理之說。朱子說：「學者觀書多走作者，亦恐是根本上功夫未齊整，只是以紛擾雜亂心去看，不曾以湛然凝定心去看。不若先涵養本原，且將已熟底義理玩味，待其浹洽，然後去看書，便自知。」（《語類》卷11，「學五，讀書法下」，頁178）這「涵養本原」之說和朱子所重視的「涵養當用敬，進學則在致知」的內涵已相近。於是，「涵養」又與「涵泳」、「玩味」等說意涵接近，而涵養同時也是為學之道的一種途徑。[8]

7　朱子云：「讀書故不可廢，然亦須以主敬立志為先，方可就此田地上推尋義理，見諸行事。若平居泛然，略無存養之功，又無實踐之志，而但欲曉解文義，說得分明，則雖通盡諸經，不錯一字，亦何所益？」《朱熹集》，卷五十，〈答鄭仲禮〉，頁2445。

8　朱子在論及讀書法處，都將涵養與玩味、涵泳等詞相連結。如云：「讀書看義理，須是開豁胸次……須是胸中寬閑始得。而今且放置閑事，不要閑思量，只專心去玩味義理，便會心精，心精，便會熟。『涵養當用敬，進學則在致知。』無事時，且存養在這裏，提撕警覺，不要放肆。到那講習應接，便當思量義理，用義理做將去。無事時，便著存養收拾此心。」《語類》卷一一五，「朱子十二，訓門人三」，頁2779。又說：「為學之道，在諸公自去著力。且如這裏有百千條路，都茅塞在裏，須自去揀一條大底

同樣的，沈潛與玩味也不只是形容讀書法，和修身成德的工夫脫離不了關係。所謂：「讀書且要逐處沉潛，次第理會，不要班班剝剝，指東摘西，都不濟事。若能沉潛專一看得文字，只此便是治心養性之法。」（《語類》卷81，「詩二，江有汜」，頁2101）「讀書著意玩味，方見得義理從文字中迸出。」（《語類》卷10，「學四，讀書法上」，頁173）由此可見讀書對於朱子而言在於求「道」，而「道」的內涵不只有單純的知識而已，更要包括那切己的修身大道。

　　若要將熟讀與「涵泳」等詞語相連，「浹洽」一語大概是最為適當的了。朱子說：「『浹洽』二字，宜子細看。凡於聖賢言語思量透徹，乃有所得。譬之浸物於水：水若未入，只是外面稍濕，裏面依前乾燥。必浸之久，則透內皆濕。程子言『時復思繹，浹洽於中，則說』，極有深意。」（《語類》卷20，「論語二，學而篇上」，頁448）「浹洽」一詞原出於程頤詮釋《論語》首句「學而實習之，不亦說乎」所用的語句，[9]「浹洽」仍然是個隱喻用法，和涵泳相近，指吾人在閱讀經典時，要將整個生命精神都浸染在其中，使吾人完全與經典中的道理相融為一體，如久浸於水中一般，完全濕透。這裡，「浹洽」一詞的含意便帶有本體的形而上色彩，形容讀者對經典中至道的體悟後，一時身心皆受感動呈現的一種愉悅、平和之狀。所以「浹洽」一詞在朱子的用法裡，

行。如仲思昨所問數條，第一條涵養、致知、力行，這便是為學之要」《語類》卷一一五，「朱子十二，訓門人三」，頁2777。

9　朱熹：《論語集注》（台北：長安出版社，1990年），卷一，頁47。朱子引程頤之語解釋「說」：「時復思繹，浹洽於中，則說」。

顯然帶有時代的色彩，具有理學家的味道。朱子說：「**讀書
要自家道理浹洽透徹。**」（《語類》卷 10，「學四，讀書法
上」，頁 162）；「**學者觀書……不若先涵養本原，且將已
熟底義理玩味，待其浹洽，然後去看書，便自知。**」（《語
類》卷 11，「學五，讀書法下」，頁 178）這些文字中的「浹
洽」一詞，不再只限於讀書明理，還有側重「理」對讀者的
影響，及讀者對「理」的吸收相融。後面一段文字，朱子更
從涵養說起，然後熟讀玩味，最後待其「浹洽」，使書中之
「理」與「我」完全相融爲一。把熟讀、玩味與涵養、浹洽
相連著說，使人更相信朱子的讀書法脫離不了他的涵養修身
工夫，他理學家的基本立場。而這種完全與至道相合相融的
情況，讓人想起朱子最常用的另一種比喻，即吃果子的比喻。
在總論爲學之方時，朱子說：「**若只是握得一箇鶻崙底果子，
不知裏面是酸，是鹹，是苦，是澀。須是與他嚼破，便見滋
味。**」（《語類》卷 8，「學二，總論爲學之方」，頁 145）
也說：「**讀書，須是窮究道理徹底。如人之食，嚼得爛，方
可嚥下，然後有補。**」（《語類》卷 10，「學四，讀書法上」，
頁 163）書中的道理必須讀者親自去體悟，如吃果子一般，
是酸甜苦澀必先嚐了才能知道。而吃下肚後，又須消化一番，
然後方能爲人體吸收利用，有補於精神血氣。所以說：「**如
喫飯樣，喫了一口，又喫一口，喫得滋味後，方解生精血。
若只怎地吞下去，則不濟事。**」（《語類》卷 19，「論語一，
語孟綱領」，頁 433）當經典被吾人消化吸收後，自然能生

出精血，轉化爲人體的生命動力，由此可以幫助我們去實踐各種合乎道理的行止，這乃極爲自然之事。[10]因此，我們可以說，解經在朱子的觀念中並非一純粹的認知活動，而是一種關涉到心靈或精神的轉化，一種心靈或精神的踐履，這也是宋明理學家解經的立場。[11]

　　從「熟讀」到「涵泳」、「玩味」、「沈潛」、「浹洽」我們可以得出下列的結論：（一）「熟讀」之法與「涵泳」等語詞內涵相近；（二）「熟讀」之法並非最基本的第一序工夫，而是第二序的。在熟讀之前必須先篩選合適的經文或舊說；（三）熟讀不只是「讀」而已，還要「思」，要求讀者自己參與反思其中意涵；（四）熟讀的對象還包括了註解與前人之舊說；（五）熟讀的目的在獲致書中之理，但此理仍有層次之分；（六）熟讀追求的「理」是存在於經文之外的更高層次，非表面上的文字之理；（七）讀書的工夫與修身成德的工夫不可分。

參、「虛心」的讀書法

　　如果將熟讀、涵泳等視爲讀書法中最重要的幾個綱領，那麼有了總的綱領之後，更進一步的詳細步驟則在於「虛心」

10　參見陳志信：《朱熹經學志業的形成與實踐》（台北：學生書局，2003年），頁 109-110。
11　鄭宗義：〈論朱子對經典解釋的看法〉，收入鍾彩鈞編：《朱子學的開展──學術篇》（台北：漢學研究中心編印，2002 年），頁 104。

一詞中。所謂「虛心」大約有幾種意涵：第一，指客觀毫無成見的「虛心」。在解經閱讀的過程中，為了能正確的掌握經典中欲傳達的道理，朱熹要求學者要虛心以待，不可擅用先入之見來解釋經典。在《語類》卷十一論讀書法中，朱子用了很多「虛心」來說明讀書必不可有先入之見，甚至用了聽訟的比喻來說明虛心的重要性，如用私心去斷案，則必有受枉的人。[12]就朱熹看來，「先入之見」是理解的障礙，排除了先入之見，讀者便具有了一種客觀公正的態度，這才是理解的正確前提。所謂「客觀」的態度是指：「**讀書且要虛心平氣，隨他文義體當，不可先立己意，作勢硬說，只成杜撰，不見聖賢本意也。**」[13]客觀公正，沒有己意摻入的虛心，是第一個意涵。除了虛空本心的常見之意外，虛心也有了等

---

12 在《語類》卷 11，「學五，讀書法下」中「虛心」的用法有不同含意，指不存先入之見的，如：「看文字須是虛心。莫先立己意，少刻多錯了。又曰：『虛心切己。虛心則見道理明；切己，自然體認得出。』《語類》卷 11，「學五，讀書法下」，頁 179；「聖賢言語，當虛心看，不可先自立說去撐拄，便喝斜了。」《語類》卷 11，「學五，讀書法下」，頁 179；「某嘗見人云：『大凡心不公底人，讀書不得。』今看來，是如此。如解說聖經，一向都不有自家身己，全然虛心，只把他道理自看其是非。恁地看文字，猶更自有牽於舊習，失點檢處。全然把一己私意去看聖賢之書，如何看得出！」《語類》卷 11，「學五，讀書法下」，頁 180。至於聽訟的比喻則如：「凡看書，須虛心看，不要先立說。看一段有下落了，然後又看一段。須如人受詞訟，聽其說盡，然後方可決斷。」《語類》卷 11，「學五，讀書法下」，頁 179；「學者觀書，病在只要向前，不肯退步看。愈向前，愈看得不分曉。不若退步，卻看得審。大概病在執　，不肯放下。正如聽訟：心先有主張乙底意思，便只尋甲底不是；先有主張甲底意思，便只見乙底不是。不若姑置甲乙之說，徐徐觀之，方能辨其曲直。」《語類》卷 11，「學五，讀書法下」，頁 186。

13 《朱熹集》卷 53，〈答劉季章〉，頁 2640；卷 55，〈答李守約〉；卷 52，〈答吳伯丰〉。

待的意涵。有學生問朱子「尋求義理，仍須虛心觀之」，如何是虛心？朱子回答：

> 須退一步思量。」次日，又問退一步思量之旨。曰：
> 「從來不曾如此做工夫，後亦是難說。今人觀書，先自立了意後方觀，盡率古人語言人做自家意思中來。如此，只是推廣得自家意思，如何見得古人意思！須得退步者，不要自作意思，只虛此心將古人語言放前面，看他意思倒殺向何處去。如此玩心，方可得古人意，有長進處。且如孟子說《時》，要『以意逆志，是爲得之』。逆者，等待之謂也。如前途等待一人，未來時且須耐心等待，將來自有來時侯。他未來，其心急切，又要進前尋求，卻不是『以意逆志』，是以意捉志也。如此，只是牽率古人言語，入做自家意中來，終無進益。」（《語類》卷 11，「學五，讀書法下」，頁 180）

用孟子說的「以意逆志」來解釋「虛心」，則虛心便有了「等待」的意思。退一步是虛心前的準備工夫，退一步指拋棄前見。然後將古人的言語放在跟前，觀看其意向的發展，耐心的等待其最終的目的，終於才能理解古人之意。所以區分了「以意逆志」與「以意捉志」的不同。後者爲用己意解釋古人之意，「牽率」古人的言語，使之驅從於我。如此詮釋的結果自然不符古人之意。在這裡，「虛心」不單單是拋棄己見而已，多了等待的意思，而「等待」似乎顯的意涵更豐富了。如果只就拋棄己見而言，虛心的意涵可能與浪漫主義詮釋學所主張的「前理解」相近，但是多了「等待」的意

涵，則更接近了哲學詮釋學的「自我置入」的意涵。加達默爾（Hans-Georg Gadamert ，1900-2002）說：

> 理解一種傳統無疑需要一種歷史視域。但這並不是說，我們是靠著把自身置入一種歷史處境中而獲得這種視域的。情況正相反，我們為了能這樣把自身置入一種處境裡，我們總是必須已經具有一種視域。因為甚麼叫做自身置入呢？無疑，這不只是丟棄自己。當然，就我們必須真正設想其他處境而言，這種丟棄是必要的。但是，我們必須也把自身帶到這個其他的處境中。只有這樣，才實現了自我置入的意義。[14]

　　加達默爾在這裡說的「丟棄自己」並不意味丟棄前理解，而是希望讓經典本身的世界能充分的展現出來。這樣理解才不致流為解釋者自己期待的意義。而藉著丟棄自己、傾聽經典，解釋者遂得以更清楚地反照自己的前理解與當下的處境，以進而謀求與經典作視域的融合。如此方是實現了「自我置入」經典的意義。[15]朱熹當然沒有具體提出儒家達默爾說的「視域融合」（Horizontver-schmelzung），但是「等待」的意涵中已經潛藏了這種要求讀者與經典之間相融和的傾向。在這邊，虛心已經不是完全靜止的狀態，而是有了動的可能。「虛心」並不是完全空白一片的排除先入之見，或是空空等待。朱子說：「**讀書則虛心玩理，以求聖賢之本意。**」（《朱熹集》卷48，〈答呂子約〉，頁2346）又說：「聖人

---

14 漢斯-格奧爾格·加達默爾著、洪漢鼎譯：《真理與方法》（上海譯文出版社，2004年），頁391
15 鄭宗義：〈論朱子對經典解釋的看法〉，頁115。

之言平易中有精深處，不可穿鑿求速成，又不可苟且閒看過。直須是置心平淡慤實之地，玩味探索而虛恬省事以養之，遲久不懈，當自覺其益；切不可以輕易急迫之心求旦暮之功，又不可因循媮惰，虛度光陰也。」（《朱熹集》卷39，〈答魏元履〉，頁1830）「虛心玩理」其內涵又和「涵泳」、「玩味」相近，要「玩理」必先以虛心的態度來玩味，將其心至於慤實平淡之境地，然後探索玩味。可見虛心並不是隨意可以達到的境界，必須經過修養的工夫。而朱子也常常將虛心與切己省察相連，如上舉讀書口訣中「虛心涵泳，切己省察」二句便是。[16]當讀者達到虛心平易的境界時，加上切己省察的工夫，則經典之意自然而現。所以說：「**雖當讀時固不可先留舊說在胸中，然虛心平氣。待其自見，有意要掃去他亦不得。**」（《朱熹集》卷48，〈答呂子約〉，頁2323）因此在「省察」的過程中，已經加入了讀者個人的作用，加入了讀者的體會，也同時加入了個人的視角。在經典與個人的視域相融之下，得出了新的理解。

　　虛心除了以上二種不存先入之見與等待意涵外，也被賦予了一種全面觀覽的總體視角意涵。朱子說：「**讀古人書，直是要虛著心，大著肚，高著眼，方有少分相應。若左遮右攔，前拖後拽，隨語生解，節上生枝，則更讀萬卷書亦無用。**」（《朱熹集》卷48，〈答呂子約〉，頁2312）所謂「虛心」「大肚」「高眼」雖然分屬人體上三個不同的感官，但其共

---

16 朱子又說：「讀書須是虛心切己。虛心，方能得聖賢意；切己，則聖賢之言不爲虛說」；又曰：「虛心切己。虛心則見道理明；切己，自然體認得出。」分見《語類》卷11，「學五，讀書法下」，頁179。

同的意向很清楚,即是要求讀者從高處著眼,用總覽的、全面的視角來檢視所欲閱讀的經典,先掌握了聖人經典所欲傳達的意向,然後再對細部的文句作解釋。而不是拘拘於一字一句的零散訓詁解釋,因為這會讓讀者誤入歧途,節上生枝,偏離了應該有的正道。要求學者要能掌握經典中的「大意」,而不是孜孜專求於章句解釋,但如何掌握大意?朱子並沒有說清楚,而且經典中的整體大意是從部分小意而來,未了解部分之意,如何能確知其整體大意?這裡似乎已牽涉到了詮釋學說的「詮釋循環」(hermeneutical circle)。當然,詮釋循環的觀念自然有它本身無法解決的理論矛盾,[17]朱子是否也意識到了這個矛盾?從現存的許多文字看來,朱子也許沒有自覺到。但可以確定的是,在這個循環過程中,主要的綱領大意始終是最重要的,至於其他細節小目,則為次要的。所以他說:「**觀書須寬心平易看,先見得大綱道理了,然後詳究節目。**」(《語類》卷 118,「朱子十五,訓門人六」,頁 2835)之所以如此,當和他的理學家背景有關。理學家重視的是人心天理、公義私利之分。讀書的目的不只是增加外部的知識,還要闡釋蘊藏在聖賢書中的精義,並且希望藉助瞭解的道理來成德、轉化生命,最後實踐這個真理。所以能先分辨、確立的經典中所欲傳達的至道才是首要的工作,至於其他瑣碎的考證訓詁等,則為次要的。他說:

> 看道理須要就那大處看,便前面開闊。不要就壁用角裏,地步窄,一步便觸,無處去了。而今且要看天理

---

17 有關詮釋循環的理論造成的矛盾,參見潘德榮:《文字・詮釋・傳統──中國詮釋傳統的現代轉化》(上海譯文出版社,2003 年),頁 98-99。

人欲，義利公私，分別得明，將自家日用底與他勘驗，
須漸漸有見處，前頭漸漸開闊。那箇大壇場，不去上
面做，不去上面行，只管在壁角裏，縱理會得一句，
只是一句透，道理小了。如〈破斧詩〉，須看那『周
公東征，四國是皇』，見得周公用心始得。（《語類》
卷 117，「朱子十四，訓門人五」，頁 2819）

　　這個「大處」便是前文所說的「大綱道理」，而這個「大
綱道理」也已經染上了理學家重視形而上意義的道理。也即
說，朱子常常要求學者觀書解經必先立其大、從大處著眼，
但這個「大處」、「綱領」必須是和天理人欲、義利公私相
關的，如〈豳風・破斧〉一詩的大處便在於「周公東征，四
國是皇」八字。但這八字是否真爲此詩的大意主旨？朱子自
己在《詩集傳》爲此詩作解時，說此詩爲：「從軍之士以前
篇周公勞己之勤苦，故言此以答其意。」[18]可見得朱子所注
重的「大處」、「綱領」並非指文本中所表現出的大意主旨，
而是指與天理人欲、公私義利之別有關的，帶有形而上意味
的「理」。

　　過於重視「大綱道理」的結果，是造成對經典文本細部
的忽視，包括了對於文字訓詁的輕忽。另外，更可能發生的
後果是，扭曲了經典文本的原意，使得解經者在爲解經之前
已經先預設立場，處處從天理人欲的形而上實體去觀察文
本，讓文本沾染了不必要的理學色彩。以上這些推論似乎成
理，但其中仍有不必然的結果論，尤其爲第二點。就實際的

---

18 朱熹：《詩集傳》（臺北：藝文印書館，1974 年），頁 376。以下所引
　　此書之文字皆爲此版本，不再作注。

情形而言，朱子的解經著作中除了《四書》之外，其餘的著作似乎並沒有我們所說的帶有濃厚的理學色彩，這一點從《詩集傳》就可以證明。[19]這個意外造成的矛盾該如何解釋？筆者以為最可能的理由是，朱子對於解釋經典與理解經典中的意義有自覺的區分。當他在為經典作註解的工作時，他強調堅守客觀的角度，不立先入之見，能虛心的採納參考前人舊說，然後取其合適的解釋。至於經典對於讀者個人的影響，或者讀者對於經典的體會，這是可以因個人的體悟之不同而被接受的，但是不可以將它拿來作為經典的解釋。經典中所表現的「理」與讀者透過個人涵泳玩味的「理」不可以混淆。如同學者指出的，朱熹把經典的閱讀與理解的目的被分為三個層次：文本的「原意」；作者的意圖；讀者的領悟之意，並在原意的基礎上有所發揮。[20]其中最重要的是第三種，閱讀和理解經典只是達到讀者自我領悟和修養的手段。因此，不可以將作品的原意或作者的原意，與讀者個人體會到的義理相混，更不可以將第三種意義強加在作品之上，當作作品的原意。

透過以上對「虛心」的讀書法分析，我們可以得出下列結論：（一）「虛心」是指一種排除了讀者個人成見的解經法；（二）「虛心」也是一種修養工夫；（三）「虛心」有等待的意涵，在等待中已加入了讀者個人的體悟、視角在內；

---

19 透過基礎的統計，可以得知《詩集傳》中「以理解詩」的條目大約有27條。因此，從朱子對三百篇的解釋篇幅看來，這二十餘條帶有個人主觀色彩的詮釋，其份量之輕，實不足影響《詩集傳》的詮釋成績。

20 潘德榮：《文字・詮釋・傳統 —— 中國詮釋傳統的現代轉化》，頁85。

（四）「虛心」等待的結果是造成經典與讀者個人視域的融合；（五）「虛心」被賦予一種總體觀覽的大視角；（六）「虛心」所欲觀覽的「大綱領」偏向形而上的理學之理；（七）在「虛心」總體觀覽影響下，會造成忽視細部訓詁的結果。

肆、以「理」解經的導向及其引發的問題

熟讀、涵泳、玩味與虛心等幾組重要的詞語，說明了朱子的讀書解經觀點，但是在熟讀之中，或者說在涵泳、玩味、與虛心的過程中，讀者的作用顯然不可忽略。透過上文的分析，可以說明一個簡單的事實，即不論是熟讀、涵泳、玩味還是虛心，就經典意義的形成而言，朱子已經賦予了讀者部分的作用與權力。存在於經典中的意義必須經過讀者的體會涵泳，虛心等待，要有讀者的作用參與在其中，然後經典的意義才能呈現。於是，解釋者個人的視域在這裡加入了，經典的意義不再只限於經典文本之中，而解經者、讀者的解釋意圖在解釋的過程中有了合理的地位與要求。但朱子同時也非完全豪無限制的將解釋的詮釋交付讀者，也即朱子並不認爲經典的意義是可以因人、因時而異，從他對虛心的要求可以證明。朱子仍要求讀者必須客觀公正的解讀經典，排除先入之見，爲的是確保經典意義的「客觀性」。他仍相信經典文本的解釋只有一個正確的答案，有一公正單一的意義。這其中除了有我們說過的，經典之中客觀之「理」與讀者所體會的個人之「理」的區別外，最重要的還在於區別二者間的

標準何在？讀者個人所體悟的「理」不可以作爲經典中真正客觀的「理」，這是朱子強調的，但是其標準爲何？從朱子其他討論讀書解經的言論中分析，不外乎經典文本本身。朱子說：「學者觀書，先須讀得正文，記得注解，成誦精熟。」（《語類》卷 11，「學五，讀書法下」，頁 191）「且只熟讀正經，行住坐臥，心常在此，自然曉得。」（《語類》卷 10，「學四，讀書法上」，頁 170）經典「正文」的首要地位遠勝於註解，而熟讀的對象也是以正文爲先。又說：「讀書須細看得意思通融後，都不見注解，但見有正經幾箇字在，方好。」（《語類》卷 11，「學五，讀書法下」，頁 192）「讀書，須從文義己尋，次則看注解。今人卻於文義外尋索。」（《語類》卷 11，「學五，讀書法下」，頁 193）這種重視經文正文的想法不只表現在他對讀者的讀書要求，他也要求爲經典作註解的人，必須堅守經文第一的崗位，不可使註解文字的思想影響了正文，誤導了後來的讀者，使人看注而忘經。[21]

經典文句作爲檢視主觀之理與客觀之理的標準，這種思想本無甚新意可言，但是在這句話之後有幾個問題仍必須說明。其一，經典正文本身就是需要被解釋的對象，如果先跳過了前人的註解，直接閱讀經文，那麼理解的基礎何在？沒有了理解的基礎，便無從判斷何者是何者非。其次，前人的註解相較於自己的理解而言，就時間距離來說，前人與經典的距離比我們更接近，何以我們的解釋 —— 我們與經典的時

21　朱子說：「凡解釋文字，不可令注腳成文，成文則注與經各爲一事，人唯看注忘經。」《朱熹集》卷 74，〈記解經〉，頁 3886。

間距離，不會是造成理解的障礙？時間距離的長短與理解經
典之間並沒有關係？要說明這兩個問題，筆者以為仍必須從
「理」的角度來詮釋。「理」字本來的意思便是條理、順序
之意，發展到了宋代賦予它明顯的形而上的實體意涵。[22]朱
子認為「理」存在於宇宙萬事萬物之中，作為一整體的「理」，
它是「太極」；藉助「氣」而派生至每一具體事物之中的，
也是「理」。聖人用文字來表現此「理」，因此每一經典文
本中也存在著此理。之所以造成經典文本「理」的混亂，和
解釋者有關：「道理只是這一箇道理，但看之者情偽變態，
言語文章自有千般萬樣。合說東，卻說西；合說這裏，自說
那裏；都是將自家偏曲底心求古人意。」（《語類》卷 125，
「老氏，老莊列子」，頁 2992）如何判斷、取捨何者才是真
理？朱子說：「至於文義有疑，眾說紛錯，即亦虛心靜慮，
勿遽取捨於其間。先使一說自為一說，而隨其意之所至以驗
其通塞，則其尤無義理者，不待觀於他說而先自屈矣。復以
眾說互相詰難，而求其理之所安，以考其是非，則似是而非
者，亦將奪於公論而無以立矣。」（《朱熹集》卷 74，〈讀
書之要〉，頁 3889）除了先虛心靜慮，不存先入之見，朱子
用詰難的方式，讓諸說彼此之間互相對話，然後求「理」之
所安，考察其是非，最後自然能下判斷。這種推理式的解經
法，其背後的依據仍在於「理」，也就是要求讀者自己用「理」
去判斷諸說，何者符合「理」便為是，不合「理」的，就是
錯的，應當拋棄的。以讀《詩》為例：

---

22 參見鄧克銘：《宋代理概念之開展》，台北：文津出版社，1993 年。

讀《詩》之法，只是熟讀涵味，自然和氣從胸中流出，其妙處不可得而言。不待安排措置，務自立說，只恁平讀著，意思自足。須是打疊得這心光蕩蕩地，不立一箇字，只管虛心讀他，少間推來推去，自然推出那箇道理。所以說「以此洗心」，便是以這道理盡洗出那心裏物事，渾然都是道理。（卷80，「詩一，論讀詩」，頁2086）

　　說「推來推去」，又說「以此洗心」，用這道理去洗出那心底的物事。這「道理」是何道理？筆者以為，若就解經讀書而言，朱子強調用此「理」以洗心的「理」，其內涵可能有二：其一，若從朱子最高的形而上實體目標看來，此「理」便指太極的唯一真理，可以作為個人修身行事標準的理；其次，若從平常解經讀書的活動而言，則此「理」便指「常理」。因此，若從一般讀書解經的活動看來，作為一種基本的學術活動，朱子始終重視推理這一心思能力，重視推理在解經過程中扮演的角色。所以就算經典沒有註解文字，缺少可以參考的說法，他仍能依據天生的推理能力，從經文本身著手，推敲其中意涵，理解經典的意義。

　　有了推理的天賦依據，朱子似乎能順利的掃除解經路途中滿佈的荊棘與障礙，也回答了上文所提出的疑問。即使沒有前人的註解，用常理、推理，便能得知經文中的意義，同時也順利的跨越了解經者與經典間天生的「時間距離」。時間距離不再是解經時不可克服的「距離」，只要能用這天賦的推理、常理能力，便人人能讀經、解經。但隨著推理、重理的主張，也造成不少問題，尤其是對經文的訓詁。首先，

相信讀者的推理能力，用常理的角度解釋經典，自然忽視前人的註解，因爲前人的註解不再是解經的權威，前人與經典間時代相近的優勢不再是優勢，時間距離已不成問離。其次，若拋棄了前人的註解，則詮釋經典文字的依據落實在讀者個人的「推理」能力之上，於是在訓詁的過程中便出現了許多問題。因爲訓詁是一專門學問，不是用一般常理常識就可以解決的，所以那些用常理常識所推導出的解釋，其結果自然備受質疑。

以《詩經》爲例《詩序》是歷來解《詩》者最大的一個包袱，從漢至唐，《詩序》的權威性質，一直要到北宋時才有些微動搖。到了南宋，反《序》的聲浪達到了另一個高峰，而朱子便是其中的代表。當然，宋人反《序》的原因和當時疑經改經的思潮有關，也和《詩序》本身的出身有關。[23]但如落實到實際的情形，從朱子的那些文字言論看來，朱熹反對《詩序》的理由，都和他所堅持的合「理」與否有關。朱子反對《詩序》的主要言論表現在《辨說》裡，從這些言論中，大約可以整理出朱子反對《詩序》的幾個理由：不合事理；不合文理；詩文中未見此意；《序》說某人某事無可考；生說以及附會穿鑿。其實，這幾個反對的理由不外乎由朱子以詩文本身爲驗而得來。所謂生說、穿鑿、衍說，或者不合

---

23 朱子對《詩序》的態度有別，他以爲《小序》爲漢儒所作，而《大序》雖然有許多好處，但亦不盡理想。「〈小序〉漢儒所作，有可信處絕少。〈大序〉好處多，然亦有不滿人意處。」《語類》卷 80，「詩一，綱領」，頁 2067。至於其他反對《詩序》的說法，不外乎如此，認爲《詩序》是漢儒所作，甚至直接點名爲東漢衛宏所作。參見《語類》卷 80，頁 2074。

文理、未見此意等,其批評的標準全都是三百篇的詩文。[24]從不合事理、文理到穿鑿、衍說等六項,其實說白了就是不合「理」。朱子以詩文爲基準,考察《詩序》的說法,從時代、事件、人物等事理、物理與情理,舉出《序》說的種種謬誤,其推斷的背後,仍是一個「理」字。所在爲三百篇作詮釋的工作時,《詩集傳》中便將《詩序》舊說不合理的地方加以解放,解放了其中:對某人某事、對教化說、對美刺說及衍生之說等等不合常理事理的說法,[25]這便是最好的明證。

如果說《詩序》是《詩經》詮釋史上最重要的權威舊說,那麼爲三百篇詩文作註解的毛、鄭之說便是第二順位的舊說。毛、鄭之說作爲當時詮釋《詩經》最古而完整的舊說,朱子對他們的取捨,仍然以是否合「理」的角度爲標準。若發現毛、鄭之說都不能滿足、符合他的要求,朱子該當如何解決?筆者以爲大約有三種策略是朱子最常用的:直接取詩文表面的意義、自創新說與從文意大旨去推想。第一種情形爲最爲常見的,如解〈召南‧小星〉「三五在東」之「三五」爲「言其稀」,而不用毛、鄭解爲天星之名;[26]解〈邶風‧日月〉末章之「父兮母兮,畜我不卒」之「父母」,直言爲父母,不用鄭玄「尊之如父,親之如母」之說(《詩集傳》

---

24 關於朱子《詩序辨說》中反對《詩序》的理由與其詳細的解說,參見黃師忠慎:《清代獨立治《詩》三大家研究:姚際恆、崔述、方玉潤》,(臺北:五南圖書公司,2012年),頁237-238。

25 關於朱子對《詩序》的解放之說,參見黃師忠慎:《清代獨立治《詩》三大家研究:姚際恆、崔述、方玉潤》,頁198-207。

26 朱熹:《詩集傳》卷一,頁46。以下所引此書之文字皆爲此版本,不再作注。

卷 2，頁 70）；解〈雄雉〉首章「自詒伊阻」之「阻」為「隔」，不用毛、鄭「患難」之說（《詩集傳》卷 2，頁 78）；解〈旄丘〉「流離之子」的「流離」為「漂散」，不用毛、鄭說為鳥名（《詩集傳》卷 2，頁 93）；解〈簡兮〉之「簡兮簡兮，方將萬舞」之「簡」為「簡易不恭」，而不參用毛說「大」，或鄭說「擇」（《詩集傳》卷 2，頁 93）解〈鄘風‧牆有茨〉末章「不可讀」之「讀」為「誦言」，而不用毛、鄭「抽」、「出」之說（《詩集傳》卷 3，頁 114）；解〈衛風‧考槃〉末章「碩人之軸」「軸」為「盤桓不行之意」，不用毛、鄭之說（《詩集傳》卷 3，頁 144）；解〈鄭風‧清人〉末章「駟介陶陶」之「陶陶」為「樂而自適之貌」，不用毛「驅馳之貌」說（《詩集傳》卷 4，頁 201）；〈豳風‧鴟鴞〉第三章「予所蓄租」之「租」為「聚」，不用毛「為」之說（《詩集傳》卷 8，頁 368）；解〈既醉〉「室家之壺」之「壺」為「宮中之巷」（《詩集傳》卷 17，頁 788）。

　　這些解釋都有毛、鄭之說在前，而朱子卻選擇放棄不用，直接就字面上的意義當作解釋。當然，毛、鄭之說作為最近古的註解，並不能保證其解說都能符合詩意，都是最正確無疑的。從以上幾個例子可以證明朱子的解釋甚至比毛、鄭之說為合理恰當。如解〈邶風‧日月〉〈旄丘〉〈鄘風‧牆有茨〉〈鄭風‧清人〉等例，但其他朱說則顯然有誤，犯了訓詁學上望文生義的毛病。如〈雄雉〉「自詒伊阻」之「阻」，《毛傳》云：「難也。」《韓詩》云：「憂也。」[27]毛、韓

───────────────────

27 《韓詩》之說見王先謙撰、吳格點校：《詩三家義集疏》（台北：明文書局，1988 年），頁 159。

之說大概是從「阻」字的本意「險」引伸而來，所以有險難、
憂心之說。但朱子卻只說「隔」，將此句「我之懷矣，自詒
伊阻」解爲：「**我之所思者，乃從役於外而自遺阻隔也。**」
比之毛、韓二說，語義不通顯然可見。〈簡兮〉之「簡」，
毛說爲「大」，其所指之意不清，[28]朱子可能因此而不用。
但將「簡」釋爲「簡易不恭」，不只犯了粗率的望文生義之
病，放在詩文中也顯引伸太過。〈衛風・考槃〉末章「碩人
之軸」，毛云：「進也。」鄭云：「病也。」二說不同，朱
子皆不取之。但用「盤桓」意解釋「軸」，則未見「軸」有
此意。若從三章文例來看，一二章「碩人之寬」、「碩人之
薖」「寬」與「薖」都是讚美此人之胸懷或者其心境之寬大，
[29]不可能於第三章突然形容此人之行動，再加上「軸」字本
無「盤桓」之意，故而朱子之說顯的極不合理。至於〈豳風・
鴟鴞〉第三章「予所蓄租」之「租」則顯然是被上文「蓄」
字所影響，而順勢將「租」字解爲聚積之意。朱子之說可能
受到《韓詩》的影響，但是《韓詩》：「租，積也。」之說
與《毛傳》：「租，爲。」之說相同，都是指「茅藉」而言。

---

28 孔穎達將《毛傳》之「大」釋爲「大德」，參見李學勤主編：《十三經
　注疏・詩經》（北京大學出版社，1999 年），頁 161。但「大」也可以
　是高大槤武或盛大（形容萬舞）之意。

29 近人對此章之「軸」字解釋不同，但幾乎都將此自解釋成形容此碩人
　之心兄或者心境。如屈萬里解釋爲「愉悅」，氏著：《詩經詮釋》（台
　北：聯經出版社，1991 年），頁 102。余培林解釋爲「自適」、「自得」，
　氏著：《詩經正詁》（台北：三民出版社，1999 年），頁 163。至於朱
　子自己也將前二章之「寬」「薖」釋爲心胸「寬廣無戚戚之意」，《詩
　集傳》卷 3，頁 143。

[30]至於最後一例：「壼」字的解釋，《傳》：「壼，廣也。」
《箋》：「壼之言梱也。其與女之族類云何乎？室家先以相
梱致，已乃及於天下。」「壼」與「梱」聲相同，其義為「齊」。
鄭玄之說乃同於《大學》中：「家齊而後國治，國治而後天
下平」之意。雖然「壼」本指宮中之道名，但是在這裡「壼」
取其象徵之意，象徵宮中之道寬廣、整齊，是成王時諸大臣
用來稱贊成王能將其善由室家推廣擴充至於天下，使天下得
以平治。[31]比起朱子的：「言深遠而嚴肅也」之說更能發揮
詩意，也深得詩旨。

　　當然，我們不可能要求身處於南宋時期的朱子能夠掌握
在清代中葉才真正發達成熟的訓詁學知識，但是從《詩集傳》
中對許多字詞的訓詁結果看來，朱子很明顯的不重視毛、鄭
等舊說，而是樂觀的相信自己，用常理去判斷字詞的可能意
涵。無可諱言的，直接用字面的意義去詮解經文有時也有意
想不到的好處，就《詩經》言，毛、鄭的解說難免也犯了增
意解經之病，添加了許多經文中本無的意義。在朱子這種詮
釋法下，當然會掃除了那些在正文之外不必要的枝離蔓衍之
說，尤其是毛、鄭二公常以德化或政治的角度詮釋詩文，賦
予了詩文章句不必要的道德政治色彩，都一一為朱子所剔
除，還其原來的本色。如〈召南‧野有死麕〉「有女如玉」

---

30 《釋文》引《韓詩》：「租，積也。」《說文》云：「葅，茅藉也。」
　　至於毛、韓之說本為相通，參見王先謙：《詩三家義集疏》，頁 529。
　　王氏以為毛公「為」字乃「薦」字之誤，「薦」猶「藉」也。至於韓說
　　之「積」則為「租」字之雙聲字，同為「葅」字之假借。
31 關於「壼」字之意，見馬瑞辰：《毛詩傳箋通釋》（北京：中華書局，
　　2004 年），頁 896。

之「玉」，毛云：「德如玉也。」鄭云：「如玉者，取其堅而潔白。」朱子則直云：「玉者，美其色也。」（《詩集傳》卷 1，頁 50）；〈邶風·簡兮〉：「執轡如組」毛云：「組，組織也。……御眾有文章。言能治眾，動於近，成於遠也。」鄭云：「碩人有御亂、御眾之德，可任為臣。」朱子則只云：「組，織絲為之，言其柔也。御能使馬，則轡柔如組矣。」（《詩集傳》卷 2，頁 94）；〈鄭風·羔裘〉「三英粲兮」，毛云：「三英，三德也。」鄭云：「三德，剛克、柔克、正直也。」朱子云：「三英，裘飾也，未詳其制。」（《詩集傳》卷 4，頁 203）；〈檜風·匪風〉：「匪風發兮，匪車偈兮」之「發」、「偈」，毛云：「發發飄風，非有道之風。偈偈疾驅，非有道之車。」朱子云：「發，飄揚貌；偈，疾驅貌。」（《詩集傳》卷 7，頁 337）

　　至於獨創新說的，如解〈召南·甘棠〉「勿翦勿敗」「勿翦勿拜」之「敗」「拜」為「折」、「屈」（《詩集傳》卷 1，頁 38）；解〈鄘風·載馳〉「我思不遠」之「遠」為「忘」（《詩集傳》卷 3，頁 134）；解〈小雅·十月之交〉之「天命不徹」之「徹」為「均」（《詩集傳》卷 11，頁 536）；解〈白華〉「視我邁邁」之「邁邁」為「不顧」（《詩集傳》卷 15，頁 690）；解〈緜蠻〉「緜蠻黃鳥」之「緜蠻」為「鳥聲」（《詩集傳》卷 15，頁 692）；解〈大雅·旱麓〉「瑟彼玉瓚」之「瑟」為「縝密貌」（《詩集傳》卷 16，頁 735）。毛、鄭對於這些字詞並非毫無訓釋，但朱子寧願選擇相信他自己，有意無意間忽視了毛、鄭的解釋成果，獨闢蹊徑，另外生說。如〈召南·甘棠〉之例，「敗」字毛、鄭皆無說，

但《說文》：「伐，一曰敗也，亦砍也。」《廣雅》：「伐，敗也。」可見「敗」字之意猶如「伐」，是毀壞的意思，不僅只是攀折的意思。[32]「拜」字鄭玄則云：「拜之言拔也。」鄭玄以「拜」為「扒」之假借，《廣韻》：「扒，拔也。《詩》云：『勿剪勿扒』。」朱子直就「拜」字之形意而說是「屈」，和施士丐之說相同，不知是否參考了施氏之說，但無論如何，其說自然不可信。[33]至於「我思不遠」、「天命不徹」、「視我邁邁」等字詞的解釋，也都視朱子從詩文推敲而來，將「忘」、「均」、「不顧」之意強加於「遠」、「徹」、「邁邁」等詞上頭。毛公解「遠」意如字，直就本意而解之。解「徹」為「道」本從《爾雅》而說，解「邁邁」為「不說」，則從假借的角度來釋意，先無論其解說是否能得詩意，[34]但就詮釋的基礎而言，毛公之說自有其根據，而非如朱子為了能順解詩意，將字詞所無之意強加於上頭。「綿蠻」二字為雙聲，毛公云：「小鳥貌。」《韓詩》云：「文貌。」其說雖不同，但都將「綿蠻」釋為形容鳥之外貌，而未見有聲音之說。朱子「鳥聲」之說顯然是自己獨創而生說。「瑟彼玉瓚」之「瑟」毛公無說，鄭玄云：「鮮潔貌。」其為狀玉之詞無疑，但如何從「瑟」字推出「縝密」之意，這中間的過

32　關於「敗」字的解說，參見馬瑞辰：《毛詩傳箋通釋》，頁 84。

33　施士丐直訓「拜」為如人之拜，小低屈也。馬瑞辰云「失之」。見馬瑞辰：《毛詩傳箋通釋》，頁 84。

34　《爾雅・釋訓》：「不遹、不蹟、不徹，不道也。」陳奐以為毛公訓「不徹」為「不道」正本《爾雅》。氏著：《詩毛氏傳疏》（台北：學生書局，1995 年），頁 511。胡承珙從《說文》《釋文》引《詩》作「懆懆」、「忱忱」而推知「邁邁」當為「忱忱」之假借。氏著、郭荃之點校：《毛詩後箋》（安徽：黃山書社，1999 年），頁 1199。

程朱子並沒有交代,大概是從「瑟」的弦索相隔密集而推出此說,形容此玉之文理縝密?[35]

朱子這些獨創的解釋,其根據不外乎字面之意,或者詩文上下之意。而類似此種推論式的訓詁法,朱子在《詩集傳》中也曾自己說過,如〈小雅·都人士〉「彼君子女,綢直如髮」,毛云:「密直如髮」,鄭云:「**其性情密緻,操行正直,如髮之本末無隆殺也。**」毛、鄭二說似乎把後一句當作比喻此女之德性,而朱子則云:「**綢直如髮,未詳其義。然以四、五章推之,亦言其髮之美耳。**」(《詩集傳》卷15,頁 680)因此從文意的發展,與上下文之間的關係,都可以當作詮釋的依據,這充分的說明了朱子善於利用推理的解釋方法。不過問題仍在於,經典的訓詁並不只有推理一項,而且在推理的過程中也充滿了未知數,無法保證其結果的確實性。所以解〈王風·丘中有麻〉「將其來施施」之「施施」為「喜悅之意」(《詩集傳》卷4,頁 189);解〈魏風·碩鼠〉「爰得我直」之「直」為「宜」(《詩集傳》卷5,頁261);解〈小雅·苑柳〉「居以凶矜」之「居」為「徒然」(《詩集傳》卷14,頁 676);利用文意大旨趣推想或推理字詞之意,可能犯的錯誤之一是,當詮釋者將詩旨誤判了,那麼對於詩文中其他的字詞解釋,自然也容易受影響,由此

---

35 「瑟」有「密」之意,胡承珙以為〈大雅·旱麓〉第五章:「瑟彼柞棫」毛公訓「瑟」為「眾貌」:「當由『瑟』『卹』同聲,『卹』與『謐』又同字(《書》:「惟刑之恤哉」,今文作「謐」。《左傳》引《詩》「何以恤我」,《說文》作「誐以謐我」。),『謐』即『密』也,言柞棫之蒙密,是有『眾』意,故《傳》以為『眾貌』歟?」氏著:《毛詩後箋》,頁 1266-1267。

而得出錯誤的解釋。如〈王風‧丘中有麻〉一例便是。朱子以此爲淫詩，因此把只有徐行之意的「施施」添加了「喜悅」之意。[36]朱子也擅長利用《詩經》常有的重章疊詠相似結構之特點，推導出字詞意涵，如〈魏風‧碩鼠〉前二章結構相似，第一章「爰得我所」之「所」指安身之所，而第二章「爰得我直」之「直」朱子似乎順著第一章的意思而解釋爲「宜」，其義不清。指「適宜」的處所？還是最佳的狀況？其實毛公的說法已經很清楚，從聲近通用的角度將「直」釋爲「道」，與上一章之意同。[37]推理的詮釋法也可能犯了另外一種過於深求詩意的毛病，如第三例「居以凶矜」便是。「居」作一般的「處」解釋便可，表示身處危險之境地，但朱子似乎有意的忽視這個常用之意，轉而用「徒然」之意，將此二句（曷予靖之？居以凶矜）釋爲：「**如此則豈予能靖之乎？乃徒然自取凶矜耳。**」當然，筆者並非要以此證明朱子對經典訓詁的粗疏、隨意，事實上朱子的許多解說， ── 以《詩經》爲例 ── 直到今天仍有很多人接受採用，可見朱子對經典訓詁的成就不容小覷。而且若考慮當時的學術環境，訓詁學的知識並未發答，那麼朱子能在如此的環境中面對經典，得出許多至今仍有用的訓解，其學養之深可想而知。

---

36 朱子云此詩爲：「婦人望其所與私者而不來，故疑丘中有麻之處復有與之私而留之者，今安得其施施然而來乎？」《詩集傳》卷4，頁189。
37 馬瑞辰：《毛詩傳箋通釋》，頁332。

伍、結　語

　　從我們對朱子許多言論的解析中可以得知，朱子在讀書
解經的過程裡，已經體會到許多詮釋的觀念，也將這些詮釋
的觀念落實到解經的實際操作中。就朱熹而言，讀書最終的
目的在於明「理」，而「理」存在宇宙萬事萬物間，必須透
過學者自己的摸索、體悟才能掌握。從熟讀、涵泳、玩味、
虛心至推理訓解典籍，朱子始終相信學者有理解的能力，也
相信每個人所理解到的「理」是共通的，彼此之間能有一共
識。因此，從某種程度來說，朱子其實是一個樂觀主義者，
而他能如此樂觀的相信理解的可能與理解的共通性，和他的
理學背景脫離不了關係。同時，他也賦予讀者詮釋的部分權
力，要求讀者努力的參與解經過程，在閱讀的過程中保持閱
讀者主體的意識，並讓這種意識參與到藝術作品的意義生成
過程中去，這已經觸及到了藝術作品意義的真正存在方式，
這個方式就是作品本文在閱讀過程中與讀者意識相遭遇，從
而將自身呈現出來。[38]所以他說：「讀書，須是要身心都人
在這一段裏面，更不問外面有何事，方見得一段道理出。」
（《語類》卷11，「學五，讀書法下」，頁177）

---

[38] 猶家仲：《詩經的解釋學研究》，桂林：廣西師範大學出版，2005年，
頁197。

第四章 王質《詩總聞》一書 及其詮釋觀[1]

壹、創新體例的意義

　　王質（1127-1189），字景文，號雪山。根據《宋史·王質傳》的記載，他的祖先是鄆州（山東東平）人，後來遷居至興國（江西）：「質博通經史，善屬文。游太學，與九江王阮齊名。阮每云：『聽景文論古，如讀酈道元水經，名川支川，貫穿周匝，無有間斷，咳唾皆成珠璣。』」[2]《宋史》之說採自王阮在為王質寫序時的話。[3]從王阮的話中，我們可以得知王質的學識豐富，尤其對於歷史知識和傳統經典的瞭解，這也成了他寫作《詩總聞》的最佳助力。他自己說《詩

---

1 本文所閱讀之版本為宋·王質著、清·錢儀吉校定：《詩總聞》（台北：新文豐，1984 年）
2 見（元）脫脫等撰：《宋史》（北京：中華書局，1999 年），頁 12055。
3 王阮《雪山集·序》云：「聽其論古，如讀酈道元《水經》，名川支川，貫穿周匝，無有間斷；間語世務，計後成否，又如孟子言曆，千載日至，毫無釐差，咳唾隨風，皆成珠璣，使讀之者如嚼蜜雪，齒頰有味。」轉引自李家樹：《王質詩總聞研究》（台北：文史哲出版，1996 年），頁 9-10。

總聞》這本書幾乎花了他近三十年的寒暑才完成，可見得他
對這本書下的功夫與重視的程度之高，勝過其他的著作。[4]這
「覃精研思幾三十年」而成之著作，雖然無法及時刊刻，[5]但
刊刻之後應該流傳極廣，士人學者都有機會一覽王氏之辨
說，可惜明代之後又不見流傳，至清道光年間錢儀吉
（1783-1850）編《經苑》時，才又收錄了此書，並且重新校
定。[6]《詩總聞》一刻出版，到底造成怎麼樣的影響，今日很
難追溯證實，但是從後人對此書的某些描寫，我們可以得知
一二。黃震（1213-1280）《黃氏日鈔‧讀毛詩》云：

> 雪山王質、夾漈鄭樵，始皆去〈序〉言《詩》，與諸
> 家之說不同。晦庵先生因鄭公之說，盡去美刺，探求
> 古始，其說頗驚俗，雖東萊先生不能無疑。[7]

黃震提到當時論《詩》的學者，王質與鄭樵二人都「去

---

4 《四庫全書總目‧經部‧詩類一》：「自稱『覃精研思幾三十年，始成是
　書。』」《四庫全書總目》（台北：藝文印書館，1962 年）第一冊，頁
　338。根據《宋史‧藝文志》載，王質著有《詩總聞》20 卷、《王景文集》
　40 卷、《雪山集》3 卷。清《四庫全書》又從明《永樂大典》中輯出《紹
　陶錄》2 卷及《補論》數篇。
5 王質《詩總聞》在成書之後，並無法及時出版，而是要到死後五十四年，
　才由陳日強鋟梓印行。陳日強於《詩總聞‧跋》云：「雪山先生詩說二十
　卷，其家櫝藏且五十年，未有發揮之。臨州二車國正韓公，攝守是邦，慨
　念前輩著述，不可湮沒，乃從其孫宗旦求此書，鋟梓以廣其傳，……淳祐
　癸卯季冬上，吳興陳日強書於富川郡齋。」淳祐癸卯為西元 1243 年，距
　離王質死之年為 54 年。
6 錢儀吉載《詩總聞‧識後》云：「昔黃東發說詩，朱、呂二家外，惟取雪
　山王氏，知其書在宋時傳習者眾，而明以來未見專刻。」
7 轉引自《四庫全書總目》，頁 338。黃震於章平叔《讀詩私記‧序》下又
　云：「王雪山、鄭夾漈始各舍〈序〉而言《詩》。朱晦安因夾漈而酌以人
　情天理之自然而折衷之，所以開示後學者已明且要。」氏著：《經義考》
　（北京：中華書局，1998 年），卷一百十，頁 587。

〈序〉言《詩》」，與一般諸家不同，可見得王、鄭二人的
特出之處。但王質對朱熹的影響顯然不如鄭樵。從《詩經》
學史上來看，王質的《詩總聞》有許多特點。除了反〈詩序〉
之外，還有他獨創的解《詩》體例，即「總聞體」。所謂「總
聞體」是王質取書中對三百首的詩旨解說，放在「總聞」一
名目之下，故取此以爲書名。除了專門解說詩旨、詩意的「總
聞」之外，還有解說詩中文字聲音、字意、章句、訓詁、器
物、作用、地理、制度（故事、本事）、人物等：各冠以「聞
音、聞訓、聞章、聞句、聞字、聞物、聞用、聞跡、聞事、
聞人」等名，加上特別解說南、風、雅、頌四始，以「聞南、
聞風、聞雅、聞頌」爲名，形成了他獨特的「總聞體」。乍
看之下似乎王質的體例很清楚、詳細，把一首詩中所牽涉的
各方面，都清楚的做考察解說。但是並不是每一首詩都全部
具備這十一種「聞」體。學者曾經爲《詩總聞》做過統計，
除去「總聞」（應爲每一篇都有總聞）之外，其餘十聞分佈
在三百篇中的情形爲：聞音 254 次，聞跡 47 次，聞訓 38 次，
聞物 33 次，聞事 28 次，聞字 23 次，聞人 22 次，聞用 21
次，聞句 15 次，聞章 11 次。總計 492 次，除聞音外，其他
九項總計爲 238 次。詩經 305 篇，一篇分不到一次，可見其
詮釋的疏略。[8] 如果以三百零五篇的篇目上去分配，可知除了
「聞音」一項比較平均之外，其餘九項出現的次數很少，所
以會給人太過疏略的感覺。但數字可以說話，有時數字也可
以欺騙人。筆者在這裡必須爲王質做一點平反的說明，那些

---

8 趙制陽：《詩經名著評介》（台北：萬卷樓，1999 年），頁 175。

聞章、聞句、聞用、聞人之所以出現的少，應當和王質當初
設計的目的有關。「總聞」必不可少，是因為最後要解說詩
旨大意，所以不可或缺。而那些聞章、聞句、聞用、聞人當
初設計的目的就是為了解釋詩中有問題的章句、事物的作
用、和不清楚的人物。如果原詩本來在流傳的過程中就沒有
章句的問題，或者沒有出現有疑問的事物、人物，想當然爾
就不必再設立這些項目為之解說了。至於其他聞跡、聞訓、
聞物、聞事、聞字，唯一可以解釋的可能，就是王質他自己
的學養仍然不夠深厚，因為這些項目都涉及到考證的知識、
功夫。按照中國學術的發展，考證的方法、學識要等到清代
才成熟發展，王質身處宋代，當然考證的成績顯然不如清代，
這也是無可厚非的。

　　筆者並不是專門在為王質說情、解套，而是專就「體例」
這一部份為王質說話。若是深入體例裡面的內容部分，則《詩
總聞》顯然有需要改進的地方。首先是各種「聞體」之間範
疇的界定如何拿捏。第一是「聞訓」一項，本項主要針對《詩
經》文辭的訓解而作，類似於後來的訓詁工作。在拆解一個
字的字意時，不免要提到它的聲音，或者它的用途。這裡就
和「聞音」、「聞用」二項重疊。除此之外，詩中許多聞訓
的部分，需要訓解的字句，本身就是一些專門的器物、少見
的動物，這又和「聞物」、「聞用」相疊合。如論《衛風‧
氓》「抱布貿絲」一句，王質於「聞事」下云：

　　　抱布，謂抱衾也。所貿止絲非布也。絲布不同時。鄭
　　　氏：「季春始蠶，孟夏賣絲。」良是。（卷三，頁 57）
　　「抱布貿絲」可以當作是一個事件，但也可以當作對「絲」

與「布」的解釋，也可以當作對絲、布作用的解釋，所以這一句放在「聞物」或「聞用」裡，也說的通。所以，如何在這些「聞」訓之中做出最合理的劃分，成爲後人質疑的焦點之一。這裡，王質似乎有點作繭自縛的味道，他爲自己立下了這麼詳細的解說體例，爲後來讀者設想了解讀三百篇的門徑，卻造成實際操作上的不必要困難。因爲讀詩最主要的目的在於瞭解詩意，而不是瞭解詩中的章句、人物、器用或者地理事蹟彼此之間的分別是什麼。讀者要理解的並不是王質心目中的分類範疇知識，而是詩旨大意。因此，筆者才說區分這十聞體例，反而是作繭自縛。[9]

　　其次，就各項「聞體」解說的內容言，許多地方解說顯的太簡略，[10]甚至最重要的「總聞」一項，常常也是簡單帶過，或者說一些與詩旨詩意不相干的事，讓讀者無法抓住重心。這一點才是《詩總聞》最嚴重的缺失。爲了瞭解王質對〈詩序〉的接受程度，在整理《詩總聞》的過程中，往往會遭遇到一個困難，即王質對於詩旨的意見爲何？在「總聞」底下常常是無法交代清楚的。反而他對整篇詩旨的意見多數時候寫在第一章之下，成爲替代「總聞」的內容。如〈小雅‧南山有臺〉第一章「南山有臺，北山有萊。樂只君子，邦家之基，樂只君子，萬壽無期。」下，王質云：

　　　春夏之交，草木繁茂，詩人觸景生情。大率占國占家，

9　趙制陽說：「十聞之分難以釐清；況人、物、事、用與字、訓之間，本有相互依存關係，難以截然劃分；如強制劃分，必然顧此失彼，自致矛盾。」《詩經名著評介》頁 178。

10　參見趙制陽：《詩經名著評介》頁 176-178。

　　皆當以氣象觀之，而其氣象，古人多即草木而觀，〈旱
　　麓〉〈皇矣〉之類是也。周之草木氣象如此，則人君
　　聲華福壽，豈有窮也，所以可樂也。（卷十，頁 168）

王質在第一章下已經告訴讀者，〈南山有臺〉是詩人以
草木爲國家的氣運占卜，藉以稱頌國君福壽。因而在「總聞」
一項下指示解說爲何此詩用「南山」、「北山」，不再論詩
意。[11]類似此種解說方式佔了《詩總聞》的大部分篇幅，但
有不少的篇章卻是讓人無法判斷，不清楚王質的意見爲何
的。如〈邶風‧北門〉只有「聞音」、「總聞」二項，王質
於第一章「出自北門，憂心殷殷。終窶且貧，莫知我艱。」
下云：「北門，所從去國之道。」第三章下云：「當事出而
幹職事，歸而遭阻間，故有怨辭。」然後在「總聞」下又云：
「各隨所方之門，為所適之道，不必言背明向陰，偶爾向北。
若〈東門之墠〉〈東門之枌〉，皆向明之方，而其詩反皆暗
昧淫濁之事，恐難以方論。」（卷二，頁38）到底〈北門〉
說的是什麼？從以上這些文字中，實難揣測。也許王質以爲
從詩文本身就可以得知，因爲詩文本身明白簡易，所以不必
多費筆墨，但是對於讀者來說，王質的意思與詩文的意思是
否相同，這才是重點。王質雖然強調「涵泳本文」的重要性，
藉著涵泳本文，可以幫助我們瞭解詩中所述事蹟、疏通上下
文意，進而掌握詩旨。[12]但是，透過涵詠本文，每一位讀者

---

11 王質於「總聞」下云：「草木固有宜山陽者，有宜山陰者。此詩南北則
　不爲此。南山，山之在南者也；北山，山之在北者也。此言大封域也。
　其南山、北山，各自有陰陽也。」卷十，頁168。
12 王質於《詩總文‧原例》中，於「聞事」下云：「先平心精意，熟玩本
　文，深繹本意，然後即其文之縳，探其事實之跡。」又於「聞人」下云：

的體悟不盡相同，這會造成詮釋上的障礙。當然，這種完全捉摸不定詩旨的情形出現在《詩總聞》裡畢竟是少數，[13]但是王質如此的行文風格，會造成後人在詮釋時的困難。

　　王質自創「總聞」的體例，後人的褒貶不一，[14]我們除了要實際閱讀這些總聞體，瞭解它的優缺點之外，應該還有另一種思考的角度，即從《詩經》學史上看，王質獨創這種體式，其意義何在？有學者從晚唐的成伯璵《毛詩指說》談起，以為成伯璵率先使用論說體的形式論《詩》，用問題意識的方式，自下標題，然後討論《詩經》，打破了漢唐以來傳箋注疏的傳統模式，到了北宋有歐陽修《詩本義》，採論說體解詩，成為另一種典範。稍後的蘇轍《詩集傳》又首開集解體之先，成為另一種流行的說詩法，南宋范處逸《詩補傳》、朱熹《詩集傳》均採此體。「總聞體」的出現在蘇轍之後，自然使解釋《詩經》有了另一種新的體式，這無疑和

　　「其隱昧遺落，亦就本文本意及旁人左右推量。」《景印文淵閣四庫全書》（上海：上海古籍，1987 年），第 72 冊，頁 435。

13 透過初步的統計，筆者得出那些無法掌握王質意思的篇章大約有 23 篇，其中有一半集中在〈頌〉的部分。這和〈頌〉體本身的體裁有關，大多是一章的〈頌〉詩，在解說的過程中，王質往往選擇讓讀者涵泳的方式去領會詩意，其篇章約計：〈周頌・天作〉〈昊天有成命〉〈噫嘻〉〈潛〉〈載芟〉〈良耜〉〈絲衣〉〈桓〉〈賚〉〈魯頌・駉〉〈有駜〉〈泮水〉〈閟宮〉〈商頌・那〉〈長發〉。其餘篇章為：〈周南・葛覃〉〈樛木〉〈螽斯〉〈邶風・北門〉〈鄘風・君子偕老〉〈相鼠〉〈小雅・魚麗〉〈大雅・旱麓〉。

14 對於王質「總聞」體的解釋方式，貶抑的以趙制陽：《詩經名著評介》為代表，見該書 175-179 頁。稱讚的以李家樹：《詩總文研究》為代表，李氏以為總聞體有「別出心裁」的優點，而且「聞」為考證之意，「總聞」體中有許多是「著意考證事實」，不求新奇誇張，實事求是的味道。見該書 14-15 頁。

宋人疑古創新的精神一脈相承。所以學者以「大膽疑古、勇
於創新」來肯定王質的新創舉。[15]王質「總聞體」固然具有
獨創的精神，但是放在宋代當時，或者放在整個《詩經》解
釋史上來說，具有創新精神的不只王質一人，歐陽修、蘇轍
也有，如何區分三人間的創新？而且舉朱熹《詩集傳》為例，
顯然也失當。[16]如果我們從王質設立總聞體的用意上去追
尋，也許可以得到不同的印象，進而為《詩總聞》找到新的
歷史定位。在《詩總聞‧原例》中，王質把為何設立「十聞」
的原因、作用說的很清楚，綜觀這些文字，可以得知雪山特
立「十聞」的目的在於考證，而且是實事求是的考證《詩經》
裡文字、聲音、義訓、章句、器用、地理、人物、史事等等。
他說：「凡字義，是古訓多不同，隨語生意，……故語意多
暗失，作『聞訓』二。」、「古字固多通用，……但不可率
情變文以附合己意，作『聞字』五。」、「凡鳥獸草木，是
古物無異今物，但稱謂差殊，……切不用求奇喜新，婉轉推
測，……作『聞物』六。」、「凡器物，是古今尤無定，輾
轉差殊。今一鄉一里其所用，制度稱謂各有不同，……而況
方俗隔絕，年代深邈；但首尾前後以意細推即出，縱不即出，
久當自省，作『聞用』七。」、「凡在處，是山川土壤州縣
鄉落，皆不可輕認；亦必左右前後參伍錯綜以相推測，或可

---

15 郝桂敏：〈王質和他的詩總聞〉，收入《瀋陽師範學院學報》（社會科
　　學版），2001年，第25卷4期，頁18。
16 所謂「集解體」的解釋方式，是集合諸家之說，採用自己認為合理得解
　　說，放進注疏的文字裡。以別人的意見代表自己的意見。但是朱熹《詩
　　集傳》中大部分的解說卻是明顯的以自己的意見為主，那些收集他家意
　　見的註釋篇幅顯然較少。

得其真，……作『聞跡』八。」、「凡事實，是古事安可容
易推尋？但先平心精意，玩熟本文，深繹本意，然後即其文
意之罅，探其事實之跡，雖不可考，而亦可旁見隔推，有相
沾帶，自然顯見，做『聞事』九。」[17]這些文字所欲表現的
精神，很清楚的告訴讀者，他的目的在從聲音、文字、字義、
器用、地理、事物等等各方面作基礎的考求，確實求得正確
的解釋，然後整首詩的意旨自然可以掌握，所以「總聞」體
的設立無他，就是以求實的方式來解說詩篇。即如在〈周南・
葛覃〉下「總聞」說的：「說《詩》當即辭求事，即事求意，
不必縱橫曼衍。若爾，將何時而窮？……遺本旨而生他辭，
竊取其美以覆讬其不知，此談經之大病也。」（卷一，頁6）
這種求事不求新，求實不求奇的態度，在當時的學術風潮中
的確是很少見。《四庫全書總目》在論述歷代經學發展特點，
提及宋代時說：「洛、閩繼起，道學大昌，擺落漢、唐，獨
研義理，凡經師舊說，俱排斥以為不足信，其學務別是非，
及其弊也悍。（如王柏、吳澄攻駁經文，動輒刪改之類。）」
[18]「擺落漢唐、獨研義理」、「務別是非」都是宋代整體的
學術風氣，王質身上也有不少宋代的治學味道，但是與其他
學者不同的是，「總聞」體的設立目的並不在求得義理上的
是非，而是利用考證的方法來求實求事。所以，王質《詩總
聞》一書似乎已有了清代樸學的考證色彩，只是考證的方法
顯然粗疏太多，無法達到清人的成績。

---

17 《景印文淵閣四庫全書》，第72冊，頁435。
18 見《四庫全書總目・經部總敘》，《四庫全書總目》第一冊，頁62。

貳、王質的〈詩序〉觀

　　《詩總聞》在《詩經》學發展史上，它獨特的地方除了體例的新穎之外，還有另一項就是反〈序〉的色彩。宋初的疑古思潮，影響了一系列解經學者，就對《詩經》的詮釋看來，衝擊最大的當屬對〈詩序〉的質疑、反對。首開棄〈序〉以言《詩》的學者為歐陽修，《詩本義》一出，加上鄭樵、朱子的推波助瀾，[19]反〈序〉的風潮如大浪般，幾乎淹沒了宋代治《詩》學者，其勢已不可擋。王質是宋代反〈序〉學者名單中最常出現的一員，因此《詩經》學使上對王質的整體定位都是把他置於反〈序〉的陣營中，以標舉他勇於獨創的革新精神。但是到底王質對這已經流傳一千三百多年的〈詩序〉態度為何？卻無人提及。當然，這和王質的寫作方式有關，《四庫全書總目》說王質：「**不字字詆《小序》，故攻之者亦稀。**」事實上應該是，王質根本就沒有在《詩總聞》中針對〈詩序〉作解說，而是直接跳過〈詩序〉，透過他自己的考證、體會，從詩文裡去找答案，去解釋詩旨大意。只有偶爾在其他「聞用」、「聞人」或「總聞」裡用反對的語氣，直接或間接的駁斥〈詩序〉。因此，為了得知王質對〈詩序〉的

---

19 《四庫全書總目・經部・詩類二》云：「《詩序》自古無異說，王肅、王基、孫毓、陳統爭毛、鄭之得失而已。其舍序言詩者，萌於歐陽修，成於鄭樵，而定於朱子之《集傳》。輔廣《童子問》以下，遞相羽翼。」《四庫全書總目》第一冊，頁355。

態度，我們就以這些資料爲依據，分析王質的〈詩序〉觀。

　　王質雖然沒有如鄭樵、朱子般明顯的針對〈詩序〉作攻擊，但在許多地方他駁斥的火力並不亞於鄭、朱。王質對於〈詩序〉攻訐最多的，就是它的衍說。詩文中沒有的東西，〈序〉卻無中生有，所以說〈邶風‧泉水〉不見〈序〉云「父母終」之意，只是女子出嫁，將與父母兄弟分別遠離，這是常情常事（卷二，頁 38）；〈鄭風‧有女同車〉也不是刺鄭忽辭婚，因爲詩文「似是與婦成禮，而非憚耦辭昏」（卷四，頁 76）；〈東門之墠〉「尋詩不見奔狀」，只是「謀昏未諧」而已，「以爲奔則過」（卷四，頁 79）；〈齊風‧雞鳴〉「不見賢妃警戒之意」（卷五，頁 85）；〈陳風‧宛丘〉「幽公之事無見，徒以惡諡，故歸以大過」（卷七，頁 121）；〈小雅‧雨無正〉通篇未見〈序〉說的「雨自上下者也」之意（卷十二，頁 198）；〈魚藻〉整篇「辭意氣象」「皆盛世之詩」，不是亂世之詞（卷十五，頁 243）；〈大雅‧泂酌〉未見「召康公戒成王」之意（卷十七，頁 283）；〈雲漢〉未見仍叔稱美宣王之意，通篇都是宣王自憂之詞（卷十八，頁 301）。這些文字透露出王質對《詩序》無根之說的厭惡。

　　另一個常用來抨擊〈序〉說的理由是附會史事，將詩中人事與史籍（《左傳》）上的人事牽連在一起，直指此篇是爲了某人某是而作。所以〈鄘風‧桑中〉並不是說申公巫臣之事（卷三，頁 46）；[20]〈陳風‧防有鵲巢〉「〈序〉以爲

20　〈鄘風‧桑中‧序〉只說：「刺奔也。衛之公室淫亂，男女相奔，至於世族在位，相竊妻妾，期於幽遠，政散民流，而不可止。」並沒有說是《左傳‧成公二年》那一段事。且《毛傳》《鄭箋》《孔疏》在解說詩

宣公，亦是以事相附」（卷七，頁 126）；〈檜風‧羔裘〉
說「君不用道，好絜其衣服」，只是因為在那個地區虢、檜
之國較大，所以把詩文所述之事歸諸於虢、檜二君。（卷七，
頁 130）。[21]〈序〉說附合《左傳》，而《左傳》所載之事，
又不一定全然可信，因此又加深了王質對於《詩序》的負面
印象。而那些為〈序〉文疏解的毛、鄭、孔，也成了王質指
責的對象。[22]除了無中生有的衍說，附會史事的穿鑿之說，
王質也會針對〈序〉文作常理的考察，從是否符合常理來推
斷〈序〉文的可信度。如〈召南‧行露〉〈野有死麕〉二篇，
〈序〉說召南之人受文王之風化影響，即使是鄉野之女亦能
遵循禮法，拒斥無禮強暴之男。王質就此而質疑：「文王之
化，河厚薄于男女？貞女不受陵于暴男，故為美也。暴男敢
肆陵于貞女，亦何暴耶？」（卷一，頁 21）為何受到文王教
化的只有女生，沒有男生？這的確不合常理。〈齊風‧東方

篇時，都沒有提及《左傳》這一故實，而將〈序〉文「相竊妻妾」落實
為《左傳》這一故實的，當屬後來學者。王質在此為〈桑中〉解說時，
除了沿襲這種誤解，抨擊〈序〉說的附會牽強，更說：「舊說因而有相
竊妻妾之辭。竊妻，蓋巫臣盡室以行，必不令楚知，故曰竊也。今詩縱
是淫奔，非妻即妾，非妾即妻，亦無妻妾相竊之理。……作序似在左氏
之後，其說皆附合左氏為之，不省其不倫也。」這裡，王質似乎把「相
竊妻妾」誤讀成「妻妾相竊」了，所以有如此奇怪的解釋。

21 王質云：「史伯曰：『濟、洛、河、潁之間，子男之國，虢檜為大，恃
  勢與險，崇奢貪冒。』序者遂以〈羔裘〉而歸諸君之好潔，以〈隰有長
  楚〉歸諸君之淫恣。又檜君少見，不能如他詩指名某公某侯，而大概稱
  君，使當時知其的，必得其人，以是知未必有傳，特附合而增加者也。」

22 王質於〈小雅‧常棣‧總聞〉下云：「孔氏以〈序〉『閔管蔡失道』故
  作〈常棣〉外傳，……周公之於詩，其道在〈鴟鴞〉，其事在〈常棣〉。
  又略左氏召穆公，直以為周公其欲附合於〈序〉如此。今以〈鴟鴞〉考
  之，其辭似非周公之作也，而召穆公之作蓋亦未見。……故凡左氏所載，
  不敢不信，而間亦有難信者也。」卷九，頁 158。

未明·序〉說：「刺無節也。朝廷興居無節，號令不時，挈壺氏不能掌其職焉。」把諷刺的焦點轉向一個掌理時間的小官，似乎追究太過。（卷五，頁88）尤其是那些慣用美刺說的大小〈雅〉篇章，雪山也質疑為何稱美的都是武王、康王，譏刺的都是幽王、厲王？

> 〈雅〉大小諸篇，據〈序〉：正〈雅〉及后稷、及公劉、及太王、及王季、及文王、及武王、及成王、及宣王。凡上世之賢君，無有不及；變〈雅〉只及幽、厲，而不及他。自厲王以上，有昭王、穆王、共王、懿王、孝王、夷王，其詩無可復見。至幽、厲之無干涉者，則以為思古。思古不思文王而專思武王，不思康王而專思成王，皆不可曉。（卷九，頁149-150）

又舉子貢：「紂之不善，不如是之甚也。是以君子惡居下流，天下之惡接歸焉。」為例，說不可將所有惡的、不好的事全都歸諸幽、厲：「既為此學，當不愧于天，不怍于人。不可承流言為實說，使為惡而苟免者何幸？非己而妄受者何冤？」（卷九，頁 150）又舉更多實例，以見〈序〉說的不合理：

> 如〈無將大車〉，悔將小人；〈小明〉，悔仕亂世。豈非為君之罪，而不以幽王為刺，何也？〈采菽〉，婦人怨曠；〈瓠葉〉，是大夫饗饗微薄，何預于人君？而乃以幽王為刺，何也？且如〈漸漸之石〉以征役久病而作，〈苕之華〉以師旅並起而作，〈何草不黃〉以用兵不息而作，而前後兩詩皆刺幽王，中一詩不刺幽王，何也？〈瞻卬〉、〈召旻〉皆凡伯刺幽王大壞，

一稱昊天一稱旻天。獨以「旻」為「閔」,〈小旻〉
又不以為「閔」,何也?(卷九,頁 150)

其實,真要從〈詩序〉裡去挑出不合理、不合邏輯的說
法,不用專門的學者,一般人都可以很容易就找到,而且篇
幅不少。可見得要對〈詩序〉作攻擊,指責〈詩序〉的錯誤,
質疑〈詩序〉的說法,不算難事。但指責〈詩序〉的人這麼
多,他們指責、批評的理由也不盡相同。就王質本人來說,
〈詩序〉最不可原諒的錯誤,就是太過「虛浮」。與「虛浮」
相反的,就是「確實」。如何判斷一首詩的意旨是「確實」
的?可信的?王質的方法就是以詩文爲據,從詩文字句上頭
去討論,這才是瞭解詩意最佳的途徑,打開詩謎之門唯一的
鑰匙。因此,那些單從題目就要推出詩意的解釋(〈由庚〉
〈崇丘〉〈由儀〉〈南陔〉〈白華〉〈華黍〉);忽視《詩
經》本質爲樂歌,而拘限以某人某事而作的解說;把〈頌〉
都當成是成功以告神明之詩,皆以神明祭祀來解說〈頌〉等
處,[23]都是王質批評的對象。

參、王質的詮釋方法及特點

王質在〈周南‧葛覃‧總聞〉下已經明確的告訴讀者他
自己的詮釋方法:「說《詩》當即辭求事,即事求意,不必
縱橫曼衍。若爾將何時而窮?……遺本旨而生他辭,竊取其

---

23 參見《詩總聞》卷十,頁 169;卷九,頁 155;卷十九,頁 319。

美以覆託其不知，此談經之大病也。」（卷一，頁 6）詩旨
要從詩文字句本身上去討得，不可節外生枝，旁出漫衍，對
詩文作無止盡的延伸揣測，這些都是說《詩》解經要避免的。
對於那些用詩來附合史事，或者強為之說解的篇章，讀者應
當要避免誤入〈序〉文的陷阱，所以他勸告讀者：「後之觀
《詩》者，于文既無所攷，於〈序〉又不可全憑，惟精思細
推，至無可奈何而後已。然事實雖亡，物情猶在，則亦未至
于甚無奈也。」（卷六，頁 118）[24]「即辭求事，即事求意」
與「精思細推」兩種方法，已經道出了王質解經的基本方式。
就如同我們在「聞跡」、「聞人」、「聞用」那些原例中所
見的，講究「求實」的精神。如說〈唐風・葛生〉「葛生蒙
楚，蘞蔓于野。予美亡此，誰與？獨處！」五章為：

> 此君子出役而不歸，婦人獨處而興哀也。毛氏：「夫
> 從征役，棄亡不反，其妻居家而怨思。」尋詩有思無
> 怨。葛，蒙楚；蘞，延蔓。想像其所沒之地也。鄭氏
> 君子「從軍未還，未知生死」，尋詩已知決死，不復
> 疑生。下章「角枕」、「錦衾」，毛氏：「禮，夫不
> 在，斂枕篋衾，席襡而藏之。」鄭氏：「夫雖不在，
> 不失其祭攝主，主婦猶自齋而行事。」大似不必爾也。

---

24 在論述〈秦風・渭陽〉的詩旨時，王質也對於〈秦風〉中多詩旨的解說
表達他的不滿，他說：「秦自秦仲、莊公、襄公、文公、寧公、出子武
公、德公、宣公、成公、穆公、康公，以〈終南〉可歸襄公，以三良可
歸穆公，以〈渭陽〉可歸康公。其他以〈車鄰〉歸秦仲，以〈駟驖〉〈小
戎〉〈蒹葭〉歸襄公，以〈晨風〉〈權輿〉歸康公，而〈無衣〉又無所
歸，其餘八君皆不在有詩之數，當亦是以詩附事，或無所附而強為辭者。」
卷六，頁 118。

> 平時衾枕同宵,今見衾枕而不見人,此所以不能獨旦
> 也,傷之極也。(卷六,頁 109)

王質根本跳過〈詩序〉,直接以詩文爲據,並挑出《毛
傳》《鄭箋》的不合理解釋,將〈葛生〉當作是悼亡之詩,
是主婦睹物思情,看見昔日與丈夫同床共枕之被、枕而思念
亡夫。因此說「此詩傷存悼沒最哀」(卷六,頁 109)不過
王質在解說首二句時,不免太過落實,將葛生之處說成是婦
人之夫葬身之處,失去了文學作品中可能的比喻或起興之
法,葛生若視爲「婦人失其所依」,如葛失其攀附之高木,
兼顧了詩文作法與文意,似乎更好些。[25]

又如〈檜風・隰有萇楚〉「隰有萇楚,猗儺其枝。夭之
沃沃,樂子之無知。」三章,王質以爲:「此非所以成人家
道,並人壽考,故以無知、無家、無室爲樂。言不若無此,
則無他憂,有此必可憂也。」詩中之「萇楚」即羊桃,與〈桃
之夭夭〉相較,二詩都是:「詩人指辭發興皆相似,但彼以
有室家爲宜,此以無室家爲樂爾。當是風俗有異,故人情亦
殊也。」又說:「無家無室,人道之大關;無知,人生之大
患。細推無家無室,雖此欲不遂,而此念不斷,不若無知之
爲安樂長久也。」(卷七,頁 131)〈詩序〉將此詩說成是
國人痛心於檜君荒淫不知節制,所以懷念那沒有情慾的人。
王質則單從字面上來推測這詩的意涵,而推測的依據除了詩
文字句外,還有他慣用的「人情常理」,這裡可見他解詩的

---

25 馬瑞晨云:「葛與蔓皆蔓草,延於松柏則得其所,猶婦人隨夫榮貴。今
詩言蒙楚、蒙棘、蔓野、蔓域,蓋以喻婦人失其所依。」見氏著:《毛
詩傳箋通釋》(北京:中華書局,2004 年)上冊,頁 355。

兩種特色。

　　以「人情」推求詩意，不是王質個人的特點，從北宋初的歐陽修就有了，所以學者推測王質可能受到歐陽修的影響。[26]王質也曾自云：「大率論古當以人情推之」（卷二，頁 34）；「大率詩發于眾情，出于眾辭，難拘以定律也」（卷三，頁 48）；「今古雖異，人情不遠也。」（卷四，頁 66）學者在分析王質《詩總聞》的特質時，也往往提到這一點。[27]今只舉兩三例，以見其情。如說〈王風·葛藟〉：「皆以兄弟為辭，當是為不友之兄弟所隔，而不得安處者，或棄而與他人，或出而繼旁族，終不若所天之愛，此真情也。今人或如此，以異姓之子為子，以同姓之子為子，多始末有參差，固有歸姓歸宗，不幸至有流落死之者，此人蓋有此恨也。」（卷四，頁 67）又如在解說〈大雅〉篇章時，王質也體會出詩中怨憤蒼天之言背後的可能人情。他說：「大率詩人之人情人事，多託天為辭。」（卷十七，頁 287）；「大率人情無所洩，則憝之于天，似怨天，非怨天也。聲怨于天，歸怨于人。故天者，萬物輸情之所也。」（卷十八，頁 296）。因此，〈大雅·桑柔〉的「倬彼昊天，寧我不矜！」〈雲漢〉

26　歐陽修于《詩本義》云：「古今人情一也，求《詩》義者以人情求之，則不遠矣。」《景印文淵閣四庫全書》第 70 冊，頁 222。以為王質受到歐陽修影響的，見鄒然、賈利芳：〈苦心立言，自成一家 —— 王質詩總聞的學術創獲〉，收入《江西師範大學學報》，2004 年，第 37 卷 1 期。頁 58。

27　見鄒然、賈利芳：〈苦心立言，自成一家 —— 王質詩總聞的學術創獲〉，頁 58-59。李家樹：《詩總聞研究》，頁 29-31。徐雁平：〈王質詩總文中的因情求意〉，收入《南京大學學報》（哲學·人文科學·社會科學版），2003 第 2 期，卷 40，頁 129-136。

的「昊天上帝，則不我遺！」，這些「天」都是詩人抒發憤
怨的替代對象。「稱天之辭，呼而發語，陳事也。」（卷十
七，頁 289）並非真的責怪上天。

　　一般《詩經》學史在論及王質《詩總聞》時，給他的標
籤就是「反〈詩序〉」，一種前衛而大膽的作風，縱貫於整
本書中。似乎王質能拋開傳統〈詩序〉說教的村塾習氣。但
這種偏於一端的印象並非《詩總聞》真正的樣貌。王質在解
詩之餘，常常提及「聖人」，從聖人教化的可能觀點來解釋
三百篇。如說〈周南・麟之趾〉之「公子」為出於公室，後
嫁人之婦人。詩意為說：「婦人多忮忍，蓋稟陰也。寺人之
性亦同。故詩言婦寺而能懷慈心，非聖人何以化之？」（卷
一，頁 12）若與原〈詩序〉：「〈關雎〉之應也。〈關雎〉
之化行，則天下無犯非禮，雖信厚如麟趾之時也。」比較起
來，王質的說法顯然有過之而無不及。〈唐風・山有樞〉詩
文表面上說要及時行樂，否則他日為他人所享。因而舊說以
為是晉之臣子用來勸導國君之詩。王質以為：「以此待君，
豈事君之道？有國有民，縱使不幸而或危，能辛苦、善下人，
當如句踐以亡為存可也。況未至于此，而勸以姑耽樂延晷刻，
此豈足言而聖人存。」（卷六，頁 102）如果把王質這一段
話與〈詩序〉兩相對照，更能見出王質對三百篇教化意義的
堅持。

　　聖人在王質的眼中，或者說在《詩經》中的作用、地位，
在解《詩》過程中的意義，主要為：教訓世人。他說：

　　　　聖人存詩，所以訓世也。聖人曰：《詩》可以興，……
　　　　遠之事君。審爾！則此等之詩，誠不可於君臣父子之

間言之。聖人所以為世訓者，乃如此。（卷二，頁 41）

如今可見的那些篇章，都是經過聖人刻意的挑選，才得以保留在《詩經》裡，因此每一篇都帶有一定成分的教訓意義。所以〈邶風‧旄丘〉絕非如〈序〉說，為黎之臣子責衛君之辭。因為「聖人必不以此無理之事存之。何以勵為親戚，且為臣子者也。」（卷二，頁 36）；〈鄘風‧相鼠〉「非詛其人速死也。惡之欲其死，聖人以惡處之，豈肯存以為訓也。」（卷三，頁 49）；〈鄭風‧野有蔓草〉亦非聖人斥絕那些淫奔之男女，而是使後人從詩中看出「始無恥而終有慚」的尚知羞愧之心，故而聖人存之。（卷四，頁 82）；〈唐風‧無衣〉為晉武公併吞了晉國，未得正名，因此以寶器賄賂周王，向天子請命。表面上看來，武公的行為極不可取，但是聖人卻將此篇放入〈唐風〉，並加以保留，其原因為何？王質說：「此必晉之任國事挾機數之人」所為，「然聖人不棄，猶有愈焉者。」（卷六，頁 108）[28]從上舉例證，可以發現，當王質抬出「聖人」這面大旗來為詩文說解時，通常都是這些詩文本身具有負面的、不符合教化意義的，所以王質婉轉的從另一個角度，從為何保留而未被捨棄的角度，以為凡是被保留的，一定有其用意，而其用意何在，就是聖人的教訓、訓誡後人之意。其他如為〈秦風‧黃鳥〉穆公要求三良陪葬之事說解；為〈陳風‧月出〉專錄夏姬與孔寧、儀行父之淫行

---

28 王質甚至為此篇解脫，以為表面上看，無異於唐代的藩鎮擁節自重。但仍有可恕者三：「其君不敢求上公之極禮，而求其次禮。上公，三太也。其臣不敢求三公之極禮，而求其次禮。三公，三少也。皆虛其上，而求其次，亦可恕也。以為安則吉，不安則凶。以上之命為安，二可恕也。因使者以請命，不敢抗天子以專答，三可恕也。」卷六，頁 107-108。

說解，其理由都是如此。[29]

肆、是特點也是缺點 —— 求實的另一面

　　王質特立「總聞體」，其用意在於正確的考求詩旨、詩意，所以區分聲音、文字、章句、人物、事蹟、器用等各個項目，其精神仍在於「求實」。而詮釋三百篇時，他能擺脫〈詩序〉的糾纏，直接分析詩文，並得出不少有特見的解說，仍是以求事、求實的方法。因此求實求事，不漫衍虛說的風格成了《詩總聞》一書的基調，也是王質給我們的突出印象。但是在講究實際、不旁枝歧出的同時，王質也犯了求實可能帶來的毛病。也就是忽略了《詩經》原本的詩歌特質，是文學的作品，而不只是反應、記實的文件。這裡我們必須對所謂的「以文學解《詩》」的內涵作辨析。所謂用文學的角度來解《詩》可能指的是，用賞析的方式，針對詩文某章某句的用字遣詞作說明，偏向於指出詩中的寫作技巧。另一種涵意則是指，詮釋者將三百篇視為民歌、樂曲，而非傳統的教化經典，因此能還原《詩經》本真的面目，拋棄美刺的教化觀。第一個面向無疑的是以純文學的角度來解說，但是第二個面向則不一定帶有所謂「文學」的意味。因為還原民歌樂曲的本來面目，這本來面目可能也是諷刺勸諭之作，也是勸人修德、修身的警世、喻世之言。這裡就牽涉到對於「文學」

---

29 見《詩總聞》卷六，頁115-116。卷七，頁128。

視角的定義問題。何謂「文學角度」？何謂「文學」？而所謂的「文學」角度是指一種詮釋的基本立場（態度），或是一種操作技術層面的方法？我們一般說的以文學角度解《詩》，當屬後者，即詮釋的技術而言，非詮釋的立場而言。因此，我們不能把那些成績 —— 王質能將三百篇視為音樂作品，從樂歌的角度來解說《詩經》表示讚賞，如他把二〈南〉從〈風〉中獨立出來，以為「南」是樂名非地名；還原〈風〉的樂歌性質，而非風化之意；也論大小〈雅〉的區別在於音樂，非政治 —— 當作是王質的以文學角度詮釋的例證。

　　以文學的角度詮釋《詩經》雖然在《詩總聞》裡找得到其蹤跡，[30]但是相對於其他的解說文字而言，這些足跡畢竟只是殘留的少數而已。反而不少解說文字是與這種「以文學角度」詮釋相反的例證，把原本是文學性質很強的作品，解說成另外一種面貌。最明顯的莫過於坐實字面的意思，把原本比喻的字句用考證的方法來解說，一一坐實，使整首詩意跟著偏枯、無味，缺少文學的趣味與欣賞的情趣。如把〈邶風‧靜女〉首章「靜女其姝，俟我於城隅。愛而不見，搔首踟躕。」說成是「當是其夫出外為役，婦人思而候之」之辭，而第三章「自牧歸荑」的「牧」，則是《左傳‧隱公五年》鄭侵衛牧之「牧」，是衛國的一個城邑。所以「總聞」云：「*夫自牧而歸，女隅城而候。當是官役稍苛，牧夫遲歸，婦人思君子之深，出門亦非獲已。然猶不敢遠至城之外，而潛處城之隈，足見其靜也。*」（卷二，頁40）把原本單純的男

---

30 關於王質以文學角度說《詩》，見洪湛侯：《詩經學史》（北京：中華書局，2002年）上冊，頁397-401。李家樹：《詩總聞研究》，頁32-37。

女約會之辭，說成思婦思念征夫、等候征夫歸來之辭，而且把牧野之地坐實為《左傳》的地名，不止解說出奇，且無法讓整句意思通暢。何以要從服役之地帶回葭草贈婦人？有何用意？

〈衛風·有狐〉首章：「有狐綏綏，在彼淇梁。心之憂矣，之子無裳。」王質以為此「狐」並非野地裡穴居之狐狸，因為詩文提到在水之旁，所以，此狐為「蜮」。能含沙射影，傷人於無形。故而「渡水防此者，以物蔽影。今無衣裳，此物可施毒也。」而整篇詩中「之子」為婦人，婦人欲渡水，卻無衣裳可以蔽影，以防此毒物，則「民窮可見」。（卷三，頁 60）先不論王質的說法是否能得詩意，光是看他解釋的方式就讓人覺得太過呆板、無趣。如果把「有狐」首二句當成是詩人起興之句，則此有狐走在水壩上、淺灘上、水涯岸，只是詩人眼見此狐而興起想念遠行在外丈夫無衣可穿，因為從第二句可以得知淇水已經慢慢乾枯了，時序已經進入冬季，[31]所以婦人想起她方之丈夫是否有厚重的衣物可以禦寒。王質如此解釋這首意旨簡明的詩，實是犯了崔述說的「紆曲牽合」、「鍛鍊」之弊。[32]〈鄭風·子衿〉三章，王質將

---

31 屈萬里云：「以石絕水曰梁，今所謂攔河壩是也。二句言淇水已淺而狐覓食，以明時序已寒也。」氏著：《詩經詮釋》（台北：聯經出版，1991年），頁 116。

32 崔述云：「天下有訓明義顯，無待於解，而說者患其易知，必欲紆曲牽合，以為別有意在。此釋者之通病也，而於說詩猶甚〈有狐〉豈非顯明易解者乎？……漢周亞夫之子為父治葬具，買甲楯五百被，廷尉責曰：『君侯欲反耶？』亞夫曰：『臣所買器，乃葬器也，何謂反？』吏曰：『君侯縱不反地上，即欲反地下耳。』世之說詩者何以異此！蓋漢時風氣最尚鍛鍊，無論治經治學皆然，故曰『漢廷鍛鍊之獄。』獄之鍛鍊，

「子衿」釋爲「野服」，第一章「青青子衿，悠悠我心。縱我不往，子寧不嗣音？」解爲：「此己在位，而故人在野者也。青衿，野服，當是相思而有欲見之意。望其來而不肯至者也。」第三章：「挑兮達兮，在城闕兮。一日不見，如三月兮。」解爲：「此從事在都多務，不得適野，以此寄謝。然其不安之情可見。」最後並以曹操的〈短歌行〉爲證，說明詩旨爲：「故人在位，而不往見，蓋賢者也。故人在野，而有所慚，亦賢者也。曹氏『青青子衿，悠悠我心，但爲君故，沈吟至今』，正引此詩無爽。」（卷四，頁81）王質對「青衿」的解說有誤，這還情有可原，因爲宋人考據的成績尚在起步階段，所以不免疏漏。但是用曹操引此詩爲證，則忽略了引詩可能的作用，後人引詩可以是斷章取義的，意有別指的引用，不一定是按照原詩意引用。且從王質解說的結果看來，他更傾向於政治教化、德行修養的傳統觀點，和〈詩序〉的「刺學校廢」不相上下。當然，《詩經》中這一類表面寫男女情思的，仍有解釋爲同性之間的情誼，或者政治上百姓思念賢者的作品。只不過王質面對這一類作品，總是偏向於後兩種說法，反而不是直接解說爲男女相戀相愛的民歌、情歌。如〈秦風・蒹葭〉就是如此。甚且舉秦穆公求百里奚一段故實爲例，說明秦之興與穆公求賢有關，這求賢的舉動就如本詩一般。[33]

含怨於當日者已不可勝數矣，經之鍛鍊，後人何爲而皆信之？」見氏著：《讀風偶識》（台北：學海出版，1992年），頁37-38。

33 王質於第一章：「蒹葭蒼蒼，白露爲霜。所謂伊人，在水一方。」下云：「所謂伊人，謂聞而未見，躊躇而忽見，故發此辭。溯游而求不可得，順流而求忽得之。當是尋訪既久，至此秋而如所願，有驚喜之意也。蒹

又如〈小雅‧蓼莪〉第三章：「缾之罄矣，維罍之恥。鮮民之生，不如死之久矣。」詩中用缾、罍為喻，缾為酒瓶，喻父母；罍為酒甕，喻子女。酒瓶空了，理應從酒甕裡到入新的酒以補充，好像父母年老體衰了（精力、體力都乾涸了），必須由子女來奉養一般。如果不能，那就是子女的恥辱了。[34] 因此，底下的「鮮民」指自己。鮮，作「寡」解釋在此較為通順，指「窮獨之民」，即詩人自己。[35] 不能奉養父母的人，不如死了算了。王質則直接從字面上解說，云：「**缾既罄，罍又恥，言窮甚。『鮮民之生』，言寡于生也。既無一為生，不如死也。久，言當死已久，至此已過也。**」（卷十三，頁214）不只首二句落實為白描法，以為詩人是寫實的方式將眼前所見記錄下來，可見此人生活之窮困。只解說了「窮困」的一面，未見奉養父母之意。所以底下一章：「無父何怙？

葭、霜露，計時。」又於「總聞」下云：「秦興，其賢有二人焉。百里奚、蹇叔是也。秦穆初聞虞人百里奚之賢，自晉適楚，以五羖羊皮贖之。因百里奚而知蹇叔，曰蹇叔之賢而世莫知，使人厚幣逆之。所謂伊人，豈此流也耶？」卷六，頁114。

34 關於此句到底是誰之恥？朱子以為是子女之恥，朱子云：「言缾資於罍，而罍資缾；猶父母與子相依為命也。故缾罄矣，乃罍之恥；猶父母不得其所，乃子之責。」見氏著：《詩集傳》（台北：藝文印書館，1974年），頁588。嚴粲則以為是父母之恥，因為不能奉養父母，乃是子女太窮困，而子女之窮困正為父母之恥。他說：「缾小喻子，罍大喻父母。缾汲水以注於罍，猶子之養父母。缾罄竭則罍無所資，為罍之恥；猶子窮困則貽親之羞也。」見氏著：《詩緝》（台北：廣文書局，1989年），卷二十二，頁5a-5b。對於兩種說法，其實差異只在於嚴粲之說多一轉折，朱子則是直接就字面之意，今取朱子之說為是。

35 《毛傳》：「鮮，寡也。」朱子《集傳》：「窮獨之民。」毛、朱二說相同。阮元《揅經室集‧釋鮮》訓「鮮」為「斯」。近人余培林以為阮元之說「音義並無可取」，見氏著：《詩經正詁》（台北：三民書局，1995年），下冊，頁194。

無母何恃？出則銜恤，入則靡至。」也丟棄了父母與此人之間的奉養關係不論，只說：「當是父母鍾愛有託，不如所願而亡。出門則銜憂，口如不能出聲也。入門則無所至，身又如不在家也。」最後，「總聞」云：「當是不遇之窮士，居南山之下，遇苦寒之辰，銜哀抱貧，人不能堪，則欲死也，蓋常情也。」（卷十三，頁 214-215）若要論爲何王質得出如此的解釋，則第三章首二句比喻的解釋是一個關鍵，王質完全坐實的詮釋方法讓他得出了片面的詩旨大意，所以他也忽視了第六章：「父兮生我，母兮鞠我。拊我畜我，長我育我，顧我復我，出入腹我。欲報之德，昊天罔極。」最明顯的欲報父母養育恩情的重要性，只向貧士不遇去解說。

　　與坐實、直截刻板的解釋方式相反，王質還有另一種詮釋上的缺失，即漫衍旁出的歧說。這兩種詮釋方法有明顯的差異，一講究考訂、確實的實證法，另一卻是完全無據的推想。這種推想也是從王質另一個詮釋特點而來，即「以意細推」、「精思細推」之法。王質善於從人情上去推求詩意，按照一般正常人應該有的情感、邏輯去推究可能的詩旨、詩意。當然他的推求、細推都是以詩文本身爲據的，並非建築在鑿空不實的幻想基礎之上。不過在實際操作的過程中，仍難免出現這一類旁出漫衍、歧出的雜說。故而《四庫全書總目》說他：「然其冥思研索，務造幽深，穿鑿者固多，懸解者亦復不少。」近人趙制陽也說：「題外文章太多，讀之令人生厭。」[36]

36　《四庫全書總目‧經部‧詩類一》，頁 338。趙制陽：《詩經名著評介》，頁 170-172。

　　如〈邶風・凱風〉首章：「凱風自南，吹彼棘心。棘心夭夭，母氏劬勞。」王質云：「孤子事寡母者也。當是賤者之家，母采棘心以為食。棘心，棘芽也。其子不欲其啟母親此，故傷其勤勞。其意蓋在乎保衰佚老也。」第二章：「凱風自南，吹彼棘薪。母氏聖善，我無令人。」王質云：「采棘心，猶之可也。采棘薪，則勤勞過甚也。其子以為婦當代姑，不欲其母太勞也。有子至七人，其年已老，不當采薪，故其子傷其母，而罪其家室。」最末二章：「爰有寒泉，在浚之下。有子七人，母氏勞苦。睍睆黃鳥，載好其音。有子七人，莫慰母心。」王質云：「感寒泉，其母勞而口渴也；感黃鳥，其母勞而聲急也。此所以責妻又責己也。」（卷二，頁 30）〈凱風・序〉云：「美孝子也。衛之淫風流行，雖有七子之母，猶不能安其室，故美七子能盡其孝道，以慰其母心，而成其志爾。」對於這首詩的解釋，很多學者可能無法接受〈首序〉底下〈續序〉的說法，但是對於「美孝子」之說尚能接受。王質卻在「美孝子」之外，增加了孝子責其妻之說，讓人不知如何為王質解說，只能說這一情節是王質推測而來，推測的依據應當還是從人情而來，揣想孝子所以憐母，當與己妻不能盡人媳之道有關。[37]

---

37 王質於最後「總聞」又說：「令人賢婦也。七婦未必皆不賢，而其子憐其母，故責其婦也。」卷二，頁 30。又是揣想之辭。王質的揣想又與他的「坐實」詮釋法相關。第一，他將首二句「凱風自南，吹彼棘心。」完全設想為實景，不是從起興的技巧去解釋，因此將采棘薪之人設想為詩人之母。第二，第三、四章首二句「爰有寒泉，在浚之下」、「睍睆黃鳥，載好其音」也是坐實了解釋，當作是形容詩人之母的勞苦。如果從整篇四句的安排來看，則每章首二句與三、四據知兼有一種明顯的關連。「凱風」為和煦的暖風，吹棘，得以讓棘由芽（棘心）成長為可用

　　〈王風・兔爰〉第一章：「有兔爰爰，雉離于羅。我生之初，尚無為；我生之後，逢此百罹，尚寐無吪！」王質云：「兔，兔絲，亦作菟絲。羅，罝也。菟草之中置螺、置罦、置罝，雉墮其中也。爰，延引也。」又於第三章下云：「嚴幼時尚未為、未造、未庸，言尚未有征役也。長時乃為丁壯，役少猶可勉，役多則何堪，不如死也。」（卷四，頁66）〈詩序〉：「閔周也。桓王失信，諸侯背叛，構怨連禍，王師傷敗，君子不樂其生焉。」有學者不接受「閔周」之說，而接受「不樂其生」之說，也有以為是「自警」之辭，或「傷生」、「傷時」之辭。[38]去掉〈詩序〉的「閔周」之說，的確已經掌握了此詩的悲觀、消極基調。君子生此亂世，又無法改變時勢，所以悲觀的不想醒過來（詩文：「我生之後，逢此百罹，尚寐無吪」、「我生之後，逢此百憂，尚寐無覺」、「我生之後，逢此百凶，尚寐無聰」）到底什麼事情讓這位君子（或詩人）如此難過傷感？詩中並無交代。王質卻斬釘截鐵的填入「征役」一事，更離奇的是，把經文「兔」改為「菟絲」之「菟」，且又犯了坐實的毛病，把原本兔與雉之間一

之木（棘薪）。寒泉可以滋潤土壤，是植物生長不可或缺的。這些都是比喻的，把凱風、寒泉比喻為母親，自己則是棘，受凱風、寒泉的滋養得以成長。最末一章用黃鳥也是比喻，黃鳥之音美好，可以悅人之耳，自己卻無法像黃鳥一般，取悅母親。參見糜文開、裴普賢：《詩經欣賞與研究》（台北：三民書局，1991年），第一冊，頁153-154。

38　朱子：《詩集傳》：「周室衰微，諸侯背叛，君子不樂其生，而作是詩。」頁183。余培林：《詩經正詁》以為：「此詩人當亂世深自傷勵之詩。」上冊，頁204。朱守亮：《詩經評釋》（台北：學生書局，1994年）云：「此傷亂世，生命多危，消極悲觀之詩。」上冊，頁215。屈萬里：《詩經詮釋》云：「此傷時之詩。」頁127。

悠閒（爰爰）—蹙迫（離于羅、離于罦、離于罿）的對照寫法，直實的想像成最符合常理的情形：菟絲叢中放了「羅」「罦」「罿」等陷阱，以網羅野雞。[39]解說雖新奇，但無法貼近詩意，讓人難以接受。

　　又如說〈唐風・鴇羽〉：「肅肅鴇羽，集于苞栩。王事靡鹽，不能藝稷黍。父母何怙？悠悠蒼天，曷其有所！」四章，王質於第一章下云：「**集則有群，苞則有食。今黍稷不能種，父母不能養，為人而不如鴇，有感興悲。無所赴于人，而愬于天也。**」又於最後「總聞」云：「**詩以種藝為辭，當是農民為民而從王事，亦固其分，有其地。有其地不當徵而徵者，故曰曷其有所。有其數至頻而不止者，故曰曷其有極。有其期當更代而不得者，故曰曷其有常。曷其，何其也。問天之辭也。**」（卷六，頁 107）農夫因為從事王事，不能種植黍稷，因此有感於人不如鴇羽，愬于天。這些解釋尚可以接受，只是「農夫」一身份讓人質疑。而底下徵收土地之說顯然為王質自己增添的，與詩文無關。「曷其有所」三句與王室徵地之間，到底有何干連？王質的說法太過牽強。犯了他坐實的毛病，把抒發感情的呼天之辭解釋成人民現實的需求、期望，讓人無法接受。而所增添出來的徵地內容，正好從這些呼天之辭而來。其餘如增添「飲酒無度」之說於〈陳風・東門之楊〉中，以為該詩為寫春秋之時，陳國之民相約

---

39 王質於「總聞」云：「舊說兔爰，緩意；雉離，急意。又以緩有所聽縱也，急有所躁蹙也。後多祖之，以為物有幸有不幸也。人情無緩兔急雉之理，兔至輕捷，亦無從容之意；雉至卑飛，亦無躁蹙之意。今以兔為菟絲，不惟有所本，而人情物態，不慎牴牾，可以粗通也。」卷四，頁67。

飲酒于楊樹之下，自昏達旦；甚至懷疑經文文字，擅將〈邶風·二子乘舟〉的「二子」改成「之子」，且不從〈詩序〉衛宣公二子伋、壽相爭為死之說。以為未出嫁之賢女思念懷人而作；〈小雅·巧言〉作者為平王，因為詩中「悠悠昊天，曰父母且」的父母為幽王與褎姒；「他人有心，予忖度之」的他人之心指廢嫡立庶之事；「躍躍毚兔，遇犬獲之」，「兔」為太子申生，「犬」為犬戎。[40]

伍、小　結

　　對於《詩總聞》的批評、研究，現今可見之資料並不多，雖然王質的名號在《詩經》學史上佔有重要的地位，可是研究的篇章卻相對的不足。即使是專門性的討論，學者對《詩總聞》的興趣始終還是在「體例」的創新與「廢〈序〉言詩」二方面。筆者比較想問的是，這創新的體例與廢〈序〉言詩，在《詩經》學史到底有什麼意義？也即，我們不應該只是專就《詩總聞》的內容上去分析解釋，還要跳脫出來，從更大的角度看《詩總聞》，在歷史的長河中，《詩總聞》反映出什麼問題？顯示出什麼意義？透過基礎的閱讀與整理，《詩總聞》給我的印像是一種矛盾的統一體。所謂矛盾，是指王質的廢〈序〉言詩，雖然大膽，常常無法跳脫傳統詩教的觀點，反而比〈詩序〉還要像〈詩序〉。另外，他的廢〈序〉

---

40 分見《詩總聞》卷七，頁124；卷二，頁41-42；卷十二，頁206-207。

言詩，來自於他特有的詮釋方法，這詮釋方法本身就是一個矛盾的複合體。講究考實，卻也要推求。結果是，考實的結論往往是「虛妄」的，推求的結論也是旁衍歧出的。但是，不要忘了，王質推求的目的仍在「求實」。

因此，從「虛實」的角度來說，讓人聯想起明末清初的對於心性之學的批評。清儒以考證樸學爲實學，以心性義理之學爲空虛無根柢之學。但是理學從發展之初就是以「實學」作爲自己的標榜。王質身處理學風氣盛行之宋代，對於理學的「實」到底體會多少？我們無法得知。但是王質對於理學所擅長的治學之法，講究體悟、推敲人情物理，應該有一定的燻染才是。雖然他反對用理學的角度來解說《詩經》。[41]理學與王質之間的關係應該是一條可以探討的路徑才是。甚至我們可以擴大來說，探討在經學與理學之間的關係。

---

41 《詩總聞》卷三論〈鄘風・定之方中〉時，王質云：「舊說秉心塞淵，然後騋牝三千。又引思無邪，然後能斯馬斯徂。尋詩文勢自可見，言衛文匪直如此之人也。秉心如此，治國如此，……他說引《禮》能盡其性，則能盡人之性，盡人之性，則能盡物之性。理則甚深，而無預于此詩也。」頁 47。

第五章　方玉潤《詩經原始》詮釋觀及其相關問題探析

—— 以十五〈國風〉詩旨為例

壹、前　言

　　方玉潤（1811-1883）《詩經原始》為清代後期研究《詩經》的一本重要著作，近人研究方氏《原始》一書多注重其以文學的角度解釋《詩經》，擺脫傳統經學家的經學角度。[1]

---

[1] 標舉方玉潤《詩經原始》一書為用文學的角度研究《詩經》的研究者以大陸學者為主，如孫秋克〈對詩經研究傳統模式的挑戰 —— 詩經原始鑑賞批評發凡〉（《嘉應大學學報》，1994 年第 3 期），頁 88-92。孫氏以為方氏《原始》一書：「力求還《詩經》以文學作品的本來面目，表現了對《詩經》研究傳統中政教中心批評模式的挑戰。」〈凡例〉中所說的讀《詩》法：「頗得讀《詩》三昧，他所描述的，實際就是文學鑑賞中審美感知、審美認識、審美判斷等重要因素相互作用互相滲透，以最終構成審美體驗的過程。」趙慶祥〈方玉潤詩經原始簡述〉（《西南師範大學學報》，1995年第 3 期），頁 109-111。趙氏以為「將《詩經》作為文學作品欣賞研究而影響較大的，則有清代方玉潤的《詩經原始》。」張啟成〈評方玉潤的詩經原始〉（《貴州教育學院學報》，1995 年第 2 期），頁 11-15。張氏以為方玉潤的《詩經原始》屬於反對復古的的獨立派，並分析其書的特點

尤其是方玉潤對《詩》旨的解說，有許多獨到特別之處，最為後人稱許。[2]若仔細分析所謂「以文學的角度詮釋《詩》旨」，則會發現牽涉到幾個層面的問題。第一為文學批評與《詩經》意指的關係是否可能？有何種可能？即文學與經學之間的差異問題。第二為《詩》旨，方玉潤所求得的三百篇意旨，是哪一種意旨？自從歐陽修（1007-1072）標舉「本義」以來，歷來學者無不以追求所謂原始的「本義」為最終目標，但《詩》有所謂作詩者之意、採詩者之意、編詩者之意、用詩者之意

為五，第二點為「對《詩經》名篇賞析頗有文學眼光」。肖力〈方玉潤詩經原始的文體學批評視角〉（《湖南省政法管理幹部學院學報》第 18 卷第 2 期（2002 年 12 月），頁 1172-118。肖氏從「文體學批評」（以對作家、作品和特定文學體裁的語音、詞彙、句式、語篇結構等一切能夠獲得某種特殊表達的語言手段進行整體研究為途徑，探索其內涵意義和獨特風格）的角度分析方玉潤《原始》一書的批評特點，以為方氏從篇章結構上尋繹文章的脈絡，透過對字句之間或章節之間內在張力的把握，領略語言環境的特定審美韻味。戴維《詩經研究史》（長沙：湖南教育出版社，2001年），頁 595-601。戴氏以為清代說詩，有一派別「力圖掙脫經學的牢籠，跳出時代的局限，專事涵詠詩文，就詩以論師。」方氏《原始》一書即屬其中代表之一。說他「將詩篇將文章來讀，由此也少一份經學上的束縛，更能自由發揮自己就詩論詩的特點。」又說：「方玉潤涵詠經文、就詩論詩的第一個表現是在論詩旨，而第二個表現則是在對《詩經》進行文學上的分析。」洪湛侯《詩經學史》（北京：中華書局，2002 年，下冊），頁 571-573。洪氏以為：「方氏論《詩》，重視闡發詩篇之文學意義，頗與歷來解經之家異趣。」、「其論《詩》之主旨，以《詩》為詩，不以《詩》為經。」

2 稱許方玉潤解釋《詩經》文意有獨到之處的，最早為梁啓超《中國近三百年學術史》（臺灣：里仁書局，1995 年），頁 260。後人孫秋克〈對詩經研究傳統模式的挑戰 ── 詩經原始鑑賞批評發凡〉、趙慶祥〈方玉潤詩經原始簡述〉、張啓成〈評方玉潤的詩經原始〉、戴維《詩經研究史》、洪湛侯《詩經學史》等大陸學者也有論述，還有臺灣學者趙制陽《詩經名著評介》（臺灣：學生書局，1983 年），頁 209-237。林葉連《中國歷代詩經學》（臺灣：學生書局，1993 年），頁 411-415。都提及方氏論《詩》旨的獨到見解。

等等，如何肯定方玉潤所欲「原始」的是作詩者的本義？還是編詩者的本義？這些問題若能進一步得到釐清，則有助於我們對《詩經原始》的認識，以及對方玉潤詮釋《詩經》的方法有更深入的瞭解。

　　首先，對於「詮釋方法」的界定應該有二，包括了解釋的立場（態度）與實際的解釋操作方式。近人的研究結果顯示，方玉潤的解《詩》立場偏向於文學，拋棄傳統的經學家立場，只有少數學者注意到方玉潤有其他詮釋立場的可能。[3]透過筆者初步的統計、閱讀，發現方玉潤詮釋《詩經》的立場並非只有所謂的「文學」立場，而是帶有濃厚的教化觀念。因此，在方玉潤身上同時兼有文學的、經學的（教化）詮釋觀念，如何看待這種情形，或者這二種情形表現在方玉潤詮釋的過程中，有何特點？是否相互衝突？或者相互融合？又或者兩者並行，互不干擾？此為本文所欲解說的第一個面向。

　　第二為方玉潤《原始》中所「原始」的《詩》旨為何？如同歐陽修提出《詩》有詩人之意、太師之職、聖人之志、經師之業等四個不同層次的意旨，後來的范處義、姜炳璋、也有相似的意見。魏源（1794-1857）提出《詩》有作詩者之心、采詩編詩者之心、說詩者之義、賦詩引詩者之義。龔橙

3　關於後人方玉潤的釋《詩》立場偏向於文學家，捨棄經學家的說法，參見　註解一。但也有不同的意見，以為方玉潤《原始》一書其實充斥著傳統「政治教化思想」，如邊家珍〈論方玉潤詩經原始的政治教化思想〉（《學術研究》，1997年第8期），頁95-97。邊氏以為方玉潤將孔子的政治教化《詩》論作為讀《詩》法，以《詩大序》作為說《詩》正論。主要表現在三方面：（一）釋〈二南〉詩義，大講文王風化；（二）維護溫柔敦厚的《詩》教傳統；（三）標舉思無邪，維護封建禮教。

更總結出八種《詩》義。[4]因此，若能區分《原始》所追求的
「原始」詩義，則能說明方玉潤對詩義的不同見解。進而探
討方玉潤詮釋方法與《詩》旨之間的關係。

貳、方玉潤詮釋《詩經》的基本立場與方法

　　本節所討論的問題爲方玉潤詮釋《詩經》的方法，其中
「方法」包括了詮釋時的基本立場（態度）和實際操作的手
段。近人研究方玉潤《詩經原始》一書所注重的，或是論者
從《詩經》學史上論述的《詩經原始》，幾乎都把眼光擺在
方氏以文學的角度詮釋《詩經》，且對部分《詩》旨有獨到
的見解。然而這種論述的背後潛藏著一種觀點，即將所謂文
學的觀點與傳統的經學觀點視爲衝突對立的、不相容的兩種
解釋角度。而且對於所謂「文學」的角度並沒有作進一步的
解說，釐清文學的與文學批評的、文學欣賞的角度有何不同，

---

4 歐陽修之說見氏著《詩本義》，景印文淵閣《四庫全書》第 70 冊（臺北：
商務印書館，1983 年），頁 。范處義之說見氏著《詩補傳》（台北：世
界書局，1986 年），頁 。范氏承襲歐陽修之說，以爲《詩》有詩人之意
與聖人編詩之意的不同。姜炳璋之說見氏著《詩序補義》（景印文淵閣《四
庫全書》第八十九冊。台北：商務印書館，1983 年）頁 89-6。魏源之說
見氏著《詩古微》（《續經解毛詩類彙編》第三冊。台北：藝文印書館，
1989 年），頁 3112。魏氏云：「夫《詩》有作《詩》者之心，而又有采
《詩》編《詩》者之心焉。有說《詩》者之義，而又有賦《詩》引《詩》
者之義焉。」龔橙之說見氏著《詩本誼》（台北：新文豐書局，1989 年），
頁 3。龔氏以爲《詩》有八誼：有作《詩》之誼；有讀《詩》之誼；有太
師采《詩》瞽矇諷誦之誼；有周公用爲樂章之誼；有賦《詩》引《詩》節
取章句之誼；有賦《詩》寄託之誼；有引《詩》以就己說之誼。

或者有何相關，還是完全相同。再者為對於方氏詮釋的基本立場與方法之間的關係也沒有作進一步的說明，將文學的角度視為方氏釋《詩》的立場與方法，文學視角既是態度也是方法，簡化了方氏的詮釋方法。因此，本節要藉著基礎的整理，說明方玉潤的詮釋方法，是否只有文學視角？或是還有其他的詮釋法？進而說明方氏在詮釋時，其基本立場與實際的詮釋方法中間有何關係，是一致或是相違背？或者有不同層次的差別。

一、文學的或經學的立場

方玉潤於《詩經原始‧自序》中論及三百篇的成書過程及他對《詩經》一些問題的基本看法，包括《詩》的作用、讀《詩》的方法，以及自己作《原始》的動機與目的。其中表現出濃厚的傳統《詩》教觀，如云在孔子之前整理三百篇的聖人，其「分編四始，以成一代雅音。上貢朝廷，垂為聲教。」又云「誦列國則知其為風俗所由變，而察治亂之幾焉；誦二〈雅〉三〈頌〉則知其為宗廟朝廷之樂，而深體其政治得失，與夫人物賢否，及功德隆替焉。」[5]由此透露出方氏對於「聲教」的注重，由誦讀三百篇達到教化的目的，故於〈思無邪太極圖說〉中一再闡發所謂的「聲教」觀念。方氏云：

> 《詩》，聲教也……在心為志，發言為詩。詩不本此而出，徒從事於風雲月露，以炫藻采而騁才思，或流

---

5 以上二段文字見方玉潤《詩經原始》（台北：藝文印書館，1981年2月），頁3、頁4。

> 於淫而不知，或近乎邪而不覺。而欲望其移風俗、美
> 教化也得乎？故太史陳〈風〉可以考風俗之美惡，之
> 教化之得失。聖人刪之亦無妨貞淫互見，然後可以懲
> 勸並施。」[6]

　　這一段文字中從作詩、讀詩、陳詩三方面分析，都注重所謂聲教的觀點，在論說〈詩旨〉的文中，方玉潤也一再提出詩教、聲教說，[7]可見他對三百篇的基本看法仍未脫前人「溫柔敦厚」、「厚人倫、美教化、移風俗」政教之說，[8]仍走傳統的（古文）經學家看待《詩經》的老路子。

　　注重政治教化的經學觀點又表現在方玉潤對於「思無邪」及淫詩說的態度上。方氏以為孔子說的：「《詩》三百，一言以蔽之曰：『思無邪』。」實為「作詩者之真樞」，因為

6　氏著《詩經原始》頁 33-35。

7　方玉潤於《詩經原始・詩旨》中對《禮記・經解篇》：「溫柔敦厚，詩教也。」闡述云：「四字亦括盡《詩》旨《詩》教。」頁 97。又以為朱熹《詩集傳・序》：「本之二南以求其端，參之列國以盡其變……和之於〈頌〉以要其止，此學《詩》之大旨也。……而得之於此矣。」一段文字作為：「學《詩》規模大要不出此數語，且有與夫子面牆之訓互相發明者。因亟錄之以為詩教耳。」頁 129-130。又連續引用章潢二段文字作為自己的詩教觀點，章潢云：「詩，聲教也。言之不足，故長言之，性情心術之微悉寓於聲。」頁 143。又云：「蓋詩之為教，聲教也。〈風〉〈雅〉〈頌〉雖分三體，而一氣元音，時相貫注。由〈風〉而〈雅〉，由〈雅〉而〈頌〉，自有一段自然節奏，不可紊亂。」頁 146。

8　方玉潤於《詩經原始・詩旨》中解釋《論語・陽貨篇》：「子謂伯魚曰：『女為〈周南〉、〈召南〉矣乎？人而不為〈周南〉、〈召南〉，其猶正牆面而立也歟！』」一段文字云：「二〈南〉所詠皆夫婦詞，為人倫始基……欲為二〈南〉，必將有以得夫行干式化之端，溫柔敦厚之旨。體之於心，詠之於口，即以見諸倫常夫婦之間，而皆可以自信其無愧。」頁 101-102。又對於顧炎武聖人刪淫詩之說提出自己的看法，方氏云：「編詩又與修史不同。詩則將以厚人倫、美教化、移風俗也。曾是淫哇並著，而可以移風俗、美教化、厚人倫乎？」頁 152。

「思有貞淫，思有哀樂，皆二氣之所感，為恃有無邪之思以制之，故哀而不至於傷，樂而不至於淫，於是貞者存而淫者去。」（《詩經原始‧思無邪太極圖說》，頁 31）又說「此聖人教人讀《詩》之法。《詩》不能有正而無邪，三百雖經刪正，而其間刺淫、諷世與寄託男女之詞，未能盡汰，故恐人誤認為邪而以為口實，特標一言以立之准，庶使學者讀之，有以得其性情之正云耳。」《詩經原始‧詩旨》，頁 98）前一則說作詩者要以無邪之思作詩，則作品自然存貞去淫。後一則說讀詩者要以無邪之思讀詩，則那些刺淫諷世、寄託男女之詞的作品在讀者心中才不會被誤讀，才能得性情之正。有無邪之思如此交相運用之下，則所謂「淫詩」說自然不攻自破。

　　方玉潤反對「淫詩」說的主要攻擊對象為朱熹，方氏以為朱子誤讀了「鄭聲淫」一句，而且忘記了《詩》有感發人心、諷世之功能，即使為男女之詞亦為有所寄託之作。[9]因此，〈鄭風〉非盡為淫詩，三百篇也沒有所謂「淫詩」的存在。方玉潤批評朱熹的淫詩說，其背後的基本觀點仍在「思無

---

9 方玉潤反對朱子的淫詩說，主要表現在〈詩旨〉中，其裡猶大約為三：（一）《詩》具感發人心作用。朱子以為三百篇邪正兼收，說善者可以感發人之善心，惡者可以懲創人之逸志。方玉潤云：「夫《詩》之足以感發人心固已，而其所以能懲創逸志者，不賴有刺淫諷世諸作乎哉？若謂淫奔者亦收之，是直誨淫而已，安見其懲創人之逸志為也。」頁 98。（二）諷刺說。方玉潤以為〈桑中〉〈溱洧〉，一為刺淫之作，一為無題之詩，皆為諷世之作。鄭風雖淫，但「所收之詩，則皆刺淫作，非淫奔詞，不可以不辯也。不然夫子論樂必曰『放鄭聲』，豈有正樂時又反收淫詞乎？」頁 121。（三）性情說。方氏云：「《詩》本吟詠性情，不盡譏刺他人……然《詩》多寄託男女，不盡描寫己事……以故，鄭風篇篇指為淫詞，不更將詩人意思說壞耶？」頁 129。

邪」，而無邪之思又與性情有關。方玉潤以爲《詩》本吟詠性情之作，詩人作詩以狀萬物之性情，讀者透過性情以會通《詩》旨與詩人之情，則能得性情之正。[10]

以上的論述見於《詩經原始・卷首》中〈自序〉〈凡例〉〈詩旨〉等三部分，爲方玉潤在實際討論《詩經》之前所作的一些相關說明，這些說明中有他對《詩經》的一些基礎問題看法，有他對詮釋《詩經》的立場、方法的看法等等。透過以上的整理論述，我們可以明顯的感受到方玉潤對待《詩經》的基本態度仍與《毛序》《毛傳》相同，維持一貫的倫理、政治教化思想。而後儒注重的以文學觀點、角度解說《詩經》，方玉潤在卷首中並沒有說明，唯一較接近的說明爲〈凡例〉中一段文字。方氏曰：「讀《詩》當涵泳全文，得其通章大意，乃可上窺古人義旨所在，未有篇法不明而能得其要領者……先覽全篇局勢，次觀筆陣開闔變化，後乃細求字句

---

10 方玉潤對於《詩經》中表現的性情之說，散見於〈詩旨〉〈凡例〉之中，透過筆者的整理大約可以找出方氏的文意脈絡。方氏於〈詩旨〉云：「《詩》本吟詠性情，不盡譏刺他人。」頁 129。可見作詩之初本爲吟詠性情，詩本爲性情而發。又說：「古人作樂，將以狀萬物之性情，而得諸聲音形容之際者也。雖無聲之詩，尚可以神會而音譜之。」頁 116。方氏雖云「作樂」爲形容萬物之情，但是詩本來就具有音樂性，即使音譜亡佚了，仍然可以用精神體會萬物之性情。又〈凡例〉云：「六經中，唯《詩》易讀，亦唯《詩》難說……說《詩》諸儒非考據即講學兩家，而兩家性情與《詩》絕不相近，故往往穿鑿附會。」頁 27。方氏在這裡批評了前人解釋《詩經》的方法，雖然沒有直接說出自己的解《詩》方法，但我們可以反面推導出方氏的意見，即方玉潤主張從性情說《詩》，一種有別於考據、講學家的性情去解釋《詩經》。而所謂以性情說《詩》，指讀者透過個人的性情去體會詩、了解詩，會通《詩》旨。又說孔子「特標一言（思無邪）以立之准，庶使學者讀之，有以得其性情之正云耳。」頁 98。用無邪之思讀詩，則能使性情導向正大的一面。

研鍊之法。因而精探古人作詩大旨，則讀者之心思與作者之心思自能默會貫通。」（《詩經原始・凡例》，頁 20-21）由總覽全篇局勢開始，然後觀察行文氣勢開闔變化，最後分析字句鍛鍊法，如此才能探求詩人作詩義旨。這一段為用文學的分析視角解釋《詩經》，但是僅止於實際的操作層面而言，是一種偏向於技術層面的運用方法，而非抽象的一種詩學觀念。由此可以隱約的看出方玉潤詮釋《詩經》時的一種特有觀念與方法，他用所謂的文學鑑賞、分析方法去解釋《詩經》，但是解釋的背後蘊含的是傳統的詩教觀。文學的視角僅止於解釋時實際操作的技術層面，而他解釋的基準點仍為傳統政治教化觀點。

　　若從方氏實際的解說文字看待其詩教觀，則可以加強我們對《詩經原始》的政治倫理詩教化思想的認識。

（一）對二〈南〉詩旨的解說偏於風化德教說

　　《毛序》及《毛傳》解說〈周南〉為后妃之德、〈召南〉為夫人之德，都是受到文王風化德教所影響。方玉潤在解說〈南〉的許多詩旨雖然不全然採用《詩序》后妃、夫人之說，也不贊同〈周南〉繫之周公〈召南〉繫之召公的說法，但是卻接受所謂「文王風化」的觀點。[11]方玉潤解釋「周南」時

---

11 在詮釋二〈南〉二十五篇詩旨時，方玉潤完全同意〈小序〉及續〈序〉之說的只有三篇：〈周南・汝墳〉〈召南・采蘩〉〈甘棠〉。完全不同意〈小序〉及續〈序〉之說的共十四篇：〈周南・樛木〉〈螽斯〉〈桃夭〉〈兔罝〉〈芣苢〉〈召南・鵲巢〉〈草蟲〉〈采蘋〉〈殷其雷〉〈摽有梅〉〈小星〉〈江有汜〉〈野有死麕〉〈何彼襛矣〉。但方氏對這十四首詩旨的闡釋仍有不少是圍繞在教化倫理的詩教觀打轉的，如〈樛木〉

云：「其地又多文明象，且親被文王風化，故其為詩也容渾含蓄，多中正和平之音……此周以南之詩獨為正風也。聖人取之以為房中樂……世之欲正人倫而敦風化者，舍二〈南〉其奚擇哉？」（《詩經原始》卷一，頁165）又於〈周南〉十一篇之末總結云：「首六章皆詠婦德，見風化起自家庭也。〈兔罝〉游獵、〈芣苢〉村謳、〈漢廣〉樵唱，則郊外風焉。至於〈汝墳〉兼及境外，見遠人嚮化，為天下歸心之漸；〈麟趾〉則歎美公族，乃發祥所自始，故以是為終焉。編詩之意大略如此，至其音節優柔和順中正溫敦，得天地太和翔洽氣，所以為風之正。」（《詩經原始》卷一，頁207）又以〈召南〉與〈周南〉同為國風之正，同被文王之化。十四首詩「其間有關乎文王者，有無關乎文王者；有係乎召伯者，有無係

末云用在文王身上也可，頁182；〈芣苢〉云「欣仁風之和豈」，頁190；〈草蟲〉云能興忠君愛國之心，頁223；〈殷其雷〉以雷霆為文王發政施仁之號令之況喻，天下賢者聞之而群起來歸，頁243-244；〈摽有梅〉為「諷君相求賢」，欲使在位者專事優游而有遺珠之憾，頁248；〈小星〉則「雖以命自委而尋分自安，毫無怨懟詞，不失敦厚遺旨。」頁251；〈江有汜〉為「商婦為夫所棄而無懟」自遣之作，此為「詩人忠厚之旨」，頁254；〈野有死麇〉為文武之世有高人隱士不肯出仕，但文武之世仍能容之，由此見聖德之大，頁258其餘八篇雖不用〈小序〉續〈序〉之說，或者反對〈小序〉續〈序〉其中一說，但是仍取風化的觀點，或襲用〈小序〉續〈序〉中某些德教觀念：〈周南・關雎〉取化民成俗之風化說，頁167；〈葛覃〉說由此可見「周家王業勤儉為本」、「聖人取之亦欲為萬世婦德立之範」，頁174；〈卷耳〉反對后妃之志、求賢審官之說，但末又說「則求賢官人之意亦無不可通」，頁179；〈漢廣〉用續〈序〉「德廣所及」之意，頁197；〈麟之趾〉同意小序「應〈關雎〉」之說，反對續〈序〉「信厚如麟趾之時」說，頁203；〈召南・行露〉雖自創新說，但是仍云「足以風天下，而勵後世」，頁235；〈羔羊〉云「非道純德懋而臻乎自然境者，不足以語此。」，頁240；〈騶虞〉云「呼騶虞之仁即國君之仁，國君之仁即文王之仁……以見化育之廣為王道之成。」頁266。

乎召伯者……其餘則皆山林野夫，閭巷婦女之詞。然不必定
詠文王，亦無非文王之化。不必定指召伯，罔非召伯之功，
故可與〈周南〉並列，為萬世詩教祖。」（《詩經原始》卷
二，頁 269-270）對於〈行露〉〈摽有梅〉〈野有死麕〉三
篇涉及「強暴」之說的詩篇，方氏更極爲之解說，因爲「事
關風化，道係人心」不可以不辯。因此解〈行露〉爲「貧士
卻昏以遠賢」之詩、〈摽有梅〉爲「諷君相求賢」之詩、〈野
有死麕〉爲「拒招隱」之詩。[12] 其用心之深隱，不言可喻。

（二）足為後人戒鑑的勸世教化說

　　方玉潤在解說十五〈國風〉詩旨時，常常在文章最末闡
述詩有勸世、教鑑的功用。如云〈鄘‧牆有茨〉「聖人所以
著之於經，使後世為惡者知雖閨中之言亦無隱而不彰也。其
為訓誡深矣！斯言不獨為此發，凡淫亂之詩均可作如是
觀。……聖人早有以見及於此，故錄之以為萬世戒。不然者，
風人所不道，而聖人取之耶？」（《詩經原始》卷四，頁351-352）
〈鄭‧女曰雞鳴〉「聖人刪詩特標此一篇，於舉世不為之中，
可謂狂瀾於既倒，砥中流以不移。必如〈序〉言，是一往無

12　〈行露‧序〉云：「衰亂之俗微，貞信之教興，彊暴之男不能侵陵貞女
也。」〈摽有梅‧序〉只說「被文王之化，男女得以及時也。」朱子《詩
集傳》卻說：「懼其嫁不及時而有彊暴之辱也」，〈野有死麕‧序〉云：
「惡無禮也。天下大亂，彊暴相陵，遂成淫風。」方玉潤除了在各篇詩
旨下辯說《毛序》《朱傳》之誤外，又於〈召南〉之末總結云：「詩僅
十四篇，而言彊暴者三，是何彊暴之多也？以文王之世而彊暴徒在在梗
化也，如是謂之熙皞世得乎？……殊知周家世德，人民服化已深，時至
文王豈尚有彊暴侵陵事乎？前賢大儒說詩如此，必有所據。後生小子，
何敢妄義？但事關風化，道係人心者，亦不可以不辯。」頁268-269。

能回之人心矣，而何以爲世勸也。」（《詩經原始》卷五，
頁 468）由此可見方玉潤不止強調三百篇可以勸世、爲後世
借鑑，也常將詩得以存在斯編，爲聖人之功，每篇都有聖人
保存、編輯的用意。方氏其他論說「借鑑」之言，散見十五
國風中，共計有十二則，[13]由此可推知他對《詩經》警世鑑
世的教育功能的強調。除了發揮後世借鑑的教化說，方玉潤
也常常用有關人倫風化、教育後世、諷刺時政及個人修身之
用，[14]將三百篇的教化功用闡發無遺，小至個人大至天下國

13　此十二則爲：〈召南・行露〉「足以風天下而勵後世」，頁 235；〈桑
中〉「藉使空言，亦關世運，聖人取以爲戒，固不徒爲淫者發。」頁 362；
〈衛・氓〉「特其事述之足以爲戒，故見諸歌詠，將以爲世勸。」頁 399；
〈伯兮〉使「後之帝王讀是詩者，其亦以窮兵黷武爲戒歟！」頁 412；
〈揚之水〉「語雖尋常，義實深遠，故聖人存之以爲世之凡爲兄弟者戒。」
頁 493；〈溱洧〉「聖人存之，一以見淫詞所自始，一以見淫俗有難終，
殆將以爲萬世戒。」頁 500；〈齊・東方之日〉「此詩之作詎能無故？
然言者雖不可考，而聞者正當以爲戒也。」頁 515；〈魏・碩鼠〉「聖
人著之以爲後世刻薔者戒，有國者曷鑑諸！」頁 552-553；〈秦・黃鳥〉
「聖人存此，豈獨爲三良悼乎？亦將作萬世戒耳！」頁 607；〈陳・宛
丘〉「聖人錄而冠夫〈陳風〉之首，以爲遊蕩者戒。」頁 617；〈株林〉
「女戎名亂，足爲炯戒。聖人存此，亦信史歟！」頁 635。
14　方氏討論十五〈國風〉中以爲有關人倫風化之說的，共有六則：論〈召
南〉十四篇云：「事關風化，道係人心。」頁 268；〈鄘・鶉之奔奔〉「雖
曰國人所託，言之無傷。然必其人倫行先喪，而後謂之人倫行無傷耳。」
頁 363-364；論〈齊〉詩十一篇云：「聖人載在范經，皆有關於倫常大故，
不僅係乎風化已也。」頁 533；〈唐・鴇羽〉云何楷《詩經世本古義》、
姚際恆《詩經通論》的議論「無關風人要旨」，頁 571；〈陳・衡門〉爲
「有關世道人心之作」，頁 623；〈防有鵲巢〉論程子之說「可謂深得風
人義旨」，頁 631。可爲教育後世之用的有二則：〈衛・芄蘭〉云：「此亦
世道人心之大轉關，非細故也。聖人存之亦進鄴黨童子而教之之意。」
頁 406-407。可爲諷刺時政之用的有三則：〈王・君子陽陽〉云：「爲國
而使賢人君子樂處下位，不欲居尊以任事，則其時勢亦可想知。此詩之
所以存而不削歟！」頁 431；〈鄭・女曰雞鳴〉云：「夫使美者皆述古，
而惡者皆刺今，則便風中無一可取之詩，而何以知政治得失耶！」頁 467；

家，《詩經》皆可發揮其教化勸誡的功能。

（三）溫柔敦厚的詩旨

《禮記·經解篇》：「溫柔敦厚，《詩》教也。」方玉潤於《詩經原始·詩旨》中解說云：「四字亦括盡《詩》旨、《詩》教。」（《詩經原始》卷首下，頁 97）在實際的解說《詩》義過程中，方氏常常用「溫柔敦厚」作爲《詩》義或詞義的評語，讚賞詩人作詩本著一片溫敦忠厚的本心，讀者可以感受其中忠厚之意旨，進而陶養情性，興發各種愛人、愛國心，或者忠君愛國、悲天憫人的情懷。如云〈召南·小星〉義旨爲「小臣行役自甘也」，何以云「自甘」？詩句明說「寔命不同」、「寔命不猶」，又說「肅肅宵征，夙夜在公」、「肅肅宵征，抱衾與裯」。方氏卻以爲這些看似抱怨勞苦的詩句「雖以命自委，而循分自安，毫無怨懟詞，不失敦厚遺旨。」（《詩經原始》卷二，頁 251）在解說的過程中完全用這種溫厚的心理狀態作爲解釋的背景依據，道學家氣味極濃。[15]因此，〈江有汜〉即使是「商婦爲夫所棄」之

〈齊·著〉云：「〈序〉謂『刺時不親迎也』得之……禮貴親迎，而齊俗反之，故可刺。否則此詩直當刪也，又何存耶！」頁 512-513。能爲個人修身之用的有二則：〈鄭·將仲子〉云：「其義有合於聖賢守身大道，故太史錄之，以爲涉世法。……是善於守身法也。」頁 453-454；〈唐·有杕之杜〉云：「凡爲武公者，可以反己自思矣。」頁 577。

15 方玉潤云：「詩旨原自分明，無如諸公之錯會其解者何哉？夫『肅肅宵征』者，遠行不逮，繼之以夜也。『夙夜在公』者，勤勞王事也。命之不同，則大小臣工之不一，而朝野勞逸之懸殊也。既知命不同，而仍克盡其心，各安其分，不敢有怨天，心不敢有怨王事，此何如器識乎？藉非文王平日用人無方，使之各盡所長，烏能令趨承奉公之士勤勞而無怨？」頁 250。

詩，仍然「無懟」。〈綠衣〉為「莊姜傷嫡妾失位」而作的
怨詞，但其詞仍不失溫柔敦厚。[16]詩人以忠厚之心作詩，讀
者亦當以忠厚之心讀詩，如此才不會曲解詩義，將詩人本義
說壞了。如〈齊・猗嗟〉本為「美魯莊公才藝之美也」，後
儒卻以為「展我甥兮」一句帶有諷刺義，將詩人忠厚待人本
意說壞。將〈唐・椒聊〉當作晉國人民欲判晉而作，則將詩
人忠厚之情視同判黨，可乎？[17]對於那些詞義太過淺率，有
傷忠厚的詩句，方氏存而不論。因為方氏論詩早就有一個設
準，要以《詩》陶冶情性，使讀者讀過之後興發各種忠厚之
情。[18]

---

16 〈召南・江有汜〉方玉潤云其詩旨為「商婦為夫所棄而無懟也」，分析
其詞義云：「此必江漢商人遠歸梓里而棄其妾，不以相從……然婦女為
人所棄而仍不忍忘其夫，猶幸其萬一自悔，有以處我，且嘯歌以自遣，
則詩人忠厚之旨也……讀此詩者可以怨矣。」〈邶・綠衣〉方氏云此詩
旨為：「衛莊姜傷嫡妾失位也」，

17 〈齊・猗嗟〉方氏云：「此齊人初見莊公而歎其威儀技藝之美，不失名
門子……其為齊侯之甥也，意本讚美，以其母不賢，故自後人觀之而以
為刺耳……謂『展我甥兮』一句以為微詞，將詩人忠厚待人本意盡情說
壞，是皆後儒深文苛刻之論有以啟之也。」頁 531-532。〈唐・椒聊〉
以為昭公封桓叔於曲沃在魯惠公二十四年，距離沃伯稱晉侯（魯莊公十
六年）有七十年，此詩之作當在中間三四十，「非見微知著之君子不足
以為此……聖人存之正以見其識之遠而慮之深耳。若謂民罔常懷，懷於
有仁，盡將詩人忠厚視同判黨可乎？」頁 563-564。

18 方氏論〈鄘・鶉之奔奔〉云：「詩必有所謂，但一時不得其解耳。且其
詞意甚率，未免有傷忠厚。〈牆有茨〉一章雖曰直言無隱，而猶作未盡
辭。此則直唾而怒罵之，尚可為詩乎哉？或有別解則未可知，存而不論
焉可也。」頁 364。論〈王・君子於役〉云：「詩到真極羌無故實，亦
自可傳。使三百詩人篇篇皆懷諷刺，則於忠厚之旨何在？於陶情淑性之
意又何存？」頁 428-429。論〈召南・草蟲〉云：「假思婦情以寓其忠
君愛國之思，使讀者自得其意於言外……世之人從而歌詠之，亦不覺其
忠君愛國之心油然而自生。」頁 223。論〈甘棠〉云：「君子觀於此，
其平日學道愛人之心尚不能勃然而興者，豈情也哉？」頁 230。論〈王・

　　無論從方玉潤在〈自序〉〈凡例〉〈詩旨〉中的理論說明，或者在十五〈國風〉中的實際操作，都可以明顯的看出方氏對待《詩經》的基本立場（態度）為傳統的詩教觀念。如果說在〈自序〉〈凡例〉〈詩旨〉中的理論說明並沒有找到方玉潤用所謂「文學」的視角、觀點解釋《詩經》，則後儒注重方氏的還原《詩經》以本來「文學」面目的說法是假的嗎？或者應該存在於《詩經原始》實際的詮釋過程中？確實，從方玉潤詮釋十五〈國風〉的篇章可以明顯發現這些所謂的以「文學」視角詮釋《詩經》的文句，但若仔細的分析，仍會發現方玉潤的「文學」視角詮釋《詩經》是有某些侷限，有某些特定的使用層面，不是後人所想像的那樣全面。

　　如以最為後人激賞且引以為例，說明方玉潤的文學視角解《詩》法的〈周南・芣苢〉一條，方氏云：

> 夫佳詩不必盡皆徵實，自鳴天籟，一片好音，由足令人低回無限。若實而按之，興會索然矣。讀者試平心靜氣涵泳此詩，恍聽田家婦女，三三五五於平原繡野風和日麗中，群歌互答，餘音裊裊，若遠若近，忽斷忽續，不知其情之何以移，而神之何以曠，則此詩可不必細繹而自得其妙焉。（《詩經原始》卷一，頁191-192）

方氏更以唐人竹枝詞、櫂歌，漢樂府江南曲及今世山歌

中谷有蓷〉云：「世之讀〈中谷有蓷〉而無以動其悲憫之懷者，吾亦末如之何也已矣！」頁436。於總結〈王風〉十篇詩義時云：「讀〈王風〉者，能無俯仰慨嘆于其際哉！」頁449。

爲比喻，說明〈芣苢〉詩的可能義旨。[19]雖然方氏以文學欣賞、涵泳體會的方式解說〈芣苢〉的可能義旨，但是最後爲仍定爲「拾菜謳歌，欣仁風之和豈也。」回到詩教的傳統說法。又如論〈鄘·桑中〉云：

> 詩中人亦非真有其人真有其事，特賦詩人虛想所采之物不外此唐與麥與葑耳……此姜與弋與庸則尚在神靈恍惚夢想依稀之際。即所謂「期我」、「要我」、「送我」，又豈真姍姍其來，冉冉而逝乎？此後世所謂無題詩也，李商隱詩云：「來是空言去絕蹤」，又云：「畫樓西畔桂堂東」。使真有其人在，則又何必爲此疑是疑非，若遠若近之詞，使人猜疑莫定耶？（《詩經原始》卷四，頁 360-361）

從後世詩人作詩手法「虛構法」，分析〈桑中〉的意旨，以爲詩中那些出現的物品、地名、人物都是假的，是詩人想像中的事物，不可當真。又舉李商隱無題詩爲例，說明應當如此看待〈桑中〉才不會誤解了詩義。但是方玉潤透過這種文學分析、文學還原的詮釋方式所得出的詩旨卻是與舊說無

---

19 方氏云：「唐人竹枝、柳枝、櫂歌等詞，類多以方言入韻語。自覺其愈俗愈雅，愈無故實而愈可以詠歌。即漢樂府江南曲一首，魚戲蓮葉數語，初讀之亦毫無意義，然不害其爲千古絕唱，情真景真也……蓋此詩即當時竹枝詞也。詩人自詠其國風俗如此，或作此以畀婦女輩，俾自歌之，互相娛樂亦未可知。今世南方婦女登山採茶，結伴謳，猶有此遺風云。」《詩經原始》卷一，頁 192-193。分析詞義則第三章用姚際恆《詩經通論》之言：「綠兮斯兮……二句全是怨辭而不露，意若無端，怨及于綠而追思及絲。此種情理最爲微妙，令人可思而難以言。」第四章用嚴粲《詩緝》之言：「此詩但刺莊公不能正嫡妾之分，其詞溫柔敦厚如此，故曰詩可以怨。」頁 283。

異，「刺淫也」。甚至把那一套詩隨世俗風氣轉移，由聲音可得知政治得詩的詩教觀點搬出來再闡發一次，說聖人取以為戒，不止為淫者之戒鑑，也使作詩者深思。[20]可見方氏運用這一類的解釋方法所得出的意旨，其實並沒有跳脫出傳統的詩教說法，甚至常常受到詩教觀念的左右，唯「教化」是從。

方玉潤在解說《詩經》時，另有一種以詞句或整章詩句風格來判斷《詩》義的方法，方氏常以「氣體」、「氣象」、「氣味」、「詞氣」等詞形容之。但是如果仔細分析那些方氏用「氣象」等詞句風格來詮釋的詩句，其最後得出的解釋仍是傳統的古文加政教說。所以〈衛‧淇澳〉摹寫「有道氣象」，無半點塵腐氣，是形容衛武公一生的學術；〈鄭‧東門之墠〉有「高仁雅士，跡邇市城，心出塵表氣象」，整首詩意指「有所思而未得見」；〈出其東門〉則「太平遊覽，絕無干戈擾攘，男奔女竄氣象」，為貧士「不慕非禮色」之作；〈秦‧蒹葭〉則與其他「好戰樂鬥」〈秦風〉詩作「氣味絕不相類」，當為秦處周地卻不能用周禮以待賢士，詩人惜之，託為招隱而作；〈曹‧鳲鳩〉則「詩詞寬博純厚，有至德感人氣象」，詩旨為後人「追美曹之先君德足正人」。[21]

---

20 方式云：「然則刺淫之詩亦謂之亡國之音者，則又何故？夫音由心生，詩隨時變，故必有是心而後成是俗，亦必因是俗而後為是詩。詩與風為轉移，時因心為隆替。聞其音而知政治之得失，讀其詩尚不知其國之將亡乎？古來亡國之音〈桑間〉與〈濮上〉動輒並稱，雖未必專指此詩，而此詩亦其類也。藉使空言，亦關世運。聖人取以為戒，固不徒為淫者發，即作詩者亦不可不深長思也。」頁 361-362。

21 〈衛‧淇澳〉之說見卷四，頁 385-386。〈鄭‧東門之墠〉之說見卷五，頁 485-486。〈出其東門〉之說見卷五，頁 494-495。〈秦‧蒹葭〉之說見卷七，頁 601-602。〈曹‧鳲鳩〉之說見卷八，頁 659。

可見以品味詩詞氣象風格的文學賞析式解釋法，所得出的《詩》旨仍在詩教觀念之中，則後人分析得出的「文學視角」詮釋方法，應該只侷限於技術層面的實際操作過程而已，而不是一種對待《詩經》的根本立場（態度），因為《詩經原始》處處都用有色的詩教觀眼鏡來分析，使三百篇染上了濃厚的政教風化色彩，掩蓋了原本的文學色彩。

　　類似此類運用文學視角解說《詩經》的文字，出現在《詩經原始》的十五《國風》中其實並不多。如欲將所謂以「文學」視角解釋《詩經》作為方玉潤釋詩的特點，必須有幾個問題要解決。第一對於「文學」視角的定義問題。何謂「文學視角」？何謂「文學」？而所謂的「文學」視角是指一種詮釋的基本立場（態度），或是一種操作技術層面的方法？透過前面的論述，我們可以知道方玉潤的文學視角屬於後者，非前者。第二，如果用統計的數字來說明運用這些文學視角來解說《詩經》是方玉潤《詩經原始》一書的詮釋特色，則應該有和其他解釋方法的比較數字，或者百分比的比較，藉此才可凸顯所謂「文學」的解釋方法為方玉潤詮釋《詩經》的特點。不是只有發現零星的幾條，或是相對於之前的經學家相比，方玉潤運用了比較多的「文學」視角來詮釋《詩經》，便將這個「文學」的詮釋方法加在方玉潤身上，作為他詮釋《詩經》的特點。因為，方玉潤還有運用其他方法詮釋《詩經》，而且運用的頻率比文學的視角更高，卻一直被後人有意無意的忽略了。

二、推想的解經法

細繹《詩經原始》一書，會發現方玉潤在解釋《詩經》時，最常運用的方法為推理式的說明，抓住整手詩的關鍵點，按照可能的「道理」推展文意，然後判斷最有可能的詩義。這種推想的解說方式大約有幾種情形：

（一）推想作詩時的背景

〈鄭‧丰〉四章，第一二章皆說「俟我乎巷」、「俟我乎堂」，卻又先后反悔。第三、四章又說「駕予與行」、「駕予與歸」。《毛序》以為「刺亂也。昏姻之道陽倡而陰不和，男行而女不隨。」後儒對此看法爭議不斷，方玉潤則云：「愚意此必寓言，非詠昏也。世衰道微，賢人君子隱處不仕。朝廷初或以禮往聘，不肯速行，後被敦迫，駕車就道，不能自主。發憤成吟，以寫其胸中憤懣之氣，而又不敢顯言賈禍，故借昏女為辭，自悔從前不受聘禮之優，以致今日而有敦促之辱。」（《詩經原始》卷五，頁 483-484）因此定此詩旨為「悔仕進不以禮也」。方氏推想的依據完全是他自己背後的預設眼光，一種教化勸誡諷世的觀點，由此出發，推論詩人作〈丰〉詩的可能情形。又如論〈魏‧汾沮洳〉云：「此必公族子姓各有賜莊，躬親樹畜。詩人於采莫、采桑、采藚之際，得睹勤勞而歎美之。以為彼其之子，身居貴冑，德復粹然。而又能勤與儉，毫無驕奢習氣，殊異乎公族輩也。」（《詩經原始》卷六，頁 537-538）這種只有根據一首詩的

幾章字句，由此推想當時作詩的背景，所得出的結果當然很可疑，可信度不高。但是這種推想方式卻是方玉潤最常運用的解詩方式，[22]用它來解決千古爭持不下的詩旨疑義，然後大膽的作出屬於方氏自己獨特的判斷。如論說〈召南‧行露〉一詩以爲：「貧士卻昏以遠嫌」，論〈魏‧十畝之間〉爲「夫婦偕隱」之詩。[23]不止推論的過程大膽，論據薄弱，其結論

---

22 類似此種以推想方氏解說當時作詩的背景的還有：論〈周南‧汝墳〉作詩背景，以爲商末周初時，政局混亂，百姓寄望文王拯己於水火中，引領延佇。汝國距周最近，其歸嚮之心尤劇。所以詩人託爲婦人喜見其夫之詞，以表其衷情。頁 199-201。論〈摽有梅〉爲商周之際，政局混亂，即使有隱士賢者亦已凋零無幾。在位者求賢能之士更顯急迫，故詩人作此詩以諷在位者，欲使其旬再優游而有遺珠之憾。頁 247-248。論〈邶‧柏舟〉以爲當時衛國勢日衰，有滅亡之虞。有賢者見此，「心存危亡之慮，日進忠言而不見用，反遭讒譖。欲居危地而清濁無分，欲適他邦而宗國難舍。憂心如焚，耿耿不寐，終夜自思……故作爲是詩，以寫其一腔忠憤，不忍棄君，不能遠禍之心。」頁 277-278。論〈王‧揚之水〉以爲即當日形勢而論，則楚國強盛，申、甫、許爲防備楚國侵略時重要軍事據點。因此，平王徵調百姓戍守申、甫、許等地，招致民怨，因此見諸歌詠。頁 432-433。論〈鄭‧羔裘〉云：「此詩必當時盈廷碩彥濟美一時，或則順命以持躬，或則忠鯁而事上……皆能正己以正人，不愧朝服以章身。故詩人即其服飾之盛，以想其德誼、經濟、文章之美而詠歎之。」頁 463。論〈檜‧羔裘〉以爲當時檜國勢混亂微弱，國君只好潔其服，不理國事。必有「宮之奇其人者，犯顏而直諫。又安知其臣不有百里奚其人者，潔身而遠去。」於是將自己的心情形諸歌詠，以見其志。頁 462-464。論〈豳‧鴟鴞〉以爲周公當時誅殺管蔡爲不得以，因此「唯有引咎自責，並望成王以戒將來，勿謂罪人斯得，遂可告無罪於先王也。蓋骨肉相殘，不詳孰甚？判服無常，可慮方深。今此下民或尙有能侮予如前日事者，予不倍加憂懼，爲未雨之綢繆耶？此〈鴟鴞〉之詩所由作也。」頁 691-692。

23 又論〈召南‧行露〉一詩著作背景爲：「大抵三代盛時，賢人君子守正不阿，而食貧自甘，不敢妄冀非禮。當時必有勢家巨族，以女強妻貧士。或前已許昏於人，中復自悔，另圖別嫁者。士既以禮自守，豈肯違制相從，則不免有訴訟相迫之事，故作此詩以見志。」頁 234。論〈魏‧十畝之間〉以爲必當時有賢者攜眷而隱，方式云：「蓋隱者必挈眷偕往，

亦不可信。

（二）依文章脈絡推想詩人作詩的目的

　　後人研究方玉潤的詮釋角度時，標舉所謂「文體學批評視角」之說，強調方玉潤在解說《詩經》時「從篇章結構上尋繹文章的脈絡」、「著眼於整個篇章嚴謹完整的結構來分析詩歌」[24]用方氏自己的話來說就是「循文按義」、「循章會意」，而這種循文按義的解說法，其文意進行的脈絡，文章可能發展的方向，仍以方氏自己本人的「推想」爲多。[25]

者相爲鄰里，然後能妥其室家，以成一代淳風。」頁 546。
不必定招朋類也。賢者既擇地偕隱，則當指桑茂密處，婦女之勤於蠶事
24 肖力〈方玉潤詩經原始的文體學批評視角〉，頁 117。所謂「文體學批評」，肖氏引用賴力行《中國古代文學批評學》一書的說法：「以對作家、作品和特定文學體裁的語音、詞彙、句式、語篇結構等一切能夠獲得某種特殊表達的語言手段進行整體研究爲途徑，探索其內涵意義和獨特風格。」
25 方玉潤在解說〈召南・野有死麕〉爲賢者「拒招隱也」，其論證爲「此必高人逸士，抱璞懷貞，不肯出而用世，故託言以謝當世求才之賢也。」詩人以懷春之女爲喻，吉士爲求賢者。欲吉士不要迫己以出仕，引得尨吠。末云：「循章會意，其大要亦不甚相遠也。」頁 258。論〈鄭・褰裳〉爲「思見正於益友也」，其解說的著眼點在「狡童」一語，用《論語・公冶長篇》「吾黨之小子，狂簡。斐然成章，不知所以裁之。」以此說「狡童」爲指後生有才而爲之所裁者。因此之故，「詩人有望於良友之裁成其子弟也，故遺之以詩曰『子弟之待正於君也，久矣。』」末云：「愚循文按義，當如是耳。」頁 480-481。論〈野有蔓草〉爲「朋友相期會也」，朱子《詩集傳》以爲男女邂逅相苟合之作，方氏駁斥云「循文按義，男女邂逅固似苟合，而『與子偕臧』又豈苟合者所能言哉？」並舉《左傳》二次賦引此詩，及《韓詩外傳》記載孔子與程木子相遇於郯，孔子贈以束帛，並詠〈野有蔓草〉一詩，證明此詩爲寫朋友相期會之作。方氏云：「皆取士君子邂逅相遇爲義。有美云者，猶〈簡兮〉之稱彼美〈干旄〉之詠彼姝云爾。……是知此詩必爲朋友期會之詩無疑。」頁 497-498。

　　如論〈邶‧靜女〉詩旨時，《毛序》只說：「刺時也。
衛君無道，夫人無德。」《傳》《箋》闡述《序》說集中在
陳數靜女之美德，以為法戒。歐陽修、朱子說為男女期會之
詞，方玉潤先予一一駁斥之，然後用《孔疏》解說「俟我於
城隅」之「城隅」，以為即指衛宣公為納伋之妻而築的「新
臺」。方氏云：「所謂俟我於城隅之靜女也，宣姜初來未始
不靜而且姝，亦未始不執彤管以為法。不料事變至於無禮，
雖欲守彤管之誠而不能，即欲不俟諸城隅而亦不得也。然使
非其靜而且姝，則宣公議和必為此無禮之極乎？」（《詩經
原始》卷三，頁 331-332）在作了本詩為何如此寫作的原因
推理之後，方氏接下來分章逐一說明：

> 詩先述其幽閒窈窕之色，以為納媳張本。當其初來止
> 于城隅之新臺以相俟，宣公只聞其美而未之見，已不
> 勝其搔首踟躕之思。及其既見，果靜而且孌，則不惟
> 色可取，性亦可悅。而女方執彤管以相貽，煌煌乎其
> 不可以非禮犯，則此心亦自止耳。無如世間尤物殊難
> 自舍，則未免有佳人難再得之意，竟不顧惜廉恥字取
> 而自納之，亦悅懌女美之一念陷之也。又況美人自外
> 攜來土物以相貽贈，又不啻珍重而愛惜之。夫豈物之
> 足重耶？亦重夫美人所貽耳！（《詩經原始》卷三，
> 頁 332-333）

　　方玉潤將〈靜女〉一詩說為「刺衛宣公納伋妻也」，其
解釋的基礎由推想「城隅」為「新臺」開始，然後一步一步
的落實他所謂的宣公納伋妻之事。「靜女」為指宣姜，「愛
而不見，搔首踟躕」的主詞為宣公，而推想的第一步釋「城

隅」爲「新臺」就已經不可取，[26]以下所謂「**煌煌乎其不可以非禮犯……亦悅懌女美之一念陷之也**」一段，又全爲方玉潤自己添加的，推測宣公當時的心理狀況，不止說解迂曲難通，且增字解經殊不可取。由此一則詮釋文字不止沒有所謂「文學」視角，反而比傳統經學家的解說更顯說教氣息。其他如論〈衛・氓〉爲棄婦所作詩、〈王・兔爰〉爲傷亂始而作、〈鄭・女曰雞鳴〉爲賢婦警夫以成德而作、〈出其東門〉爲不慕非禮色而作，最後詮釋出的詩旨是否爲原詩義不可知，但是詮釋的過程中，循文按義的解說仍屬推想式的，帶有很大的隨意性。[27]

26　關於「城隅」的解說，今以胡承珙《毛詩後箋》爲例，說明胡氏對「城隅較爲明通可信。胡氏先以《周禮・匠人・疏》引用許慎《五經異義》之說，證明城隅爲最高之處，後云「《傳》意蓋言其以禮待聘，自處甚高，故假城隅爲喻。……後儒誤以爲實，故疑『俟於城隅』非靜女之事，真所謂以文害辭，以辭害志者矣。」氏著《毛詩後箋》（安徽：黃山書社出版，1999 年）上冊，頁 215。

27　方玉潤以〈衛・氓〉爲棄婦所作詩，〈王・兔爰〉爲傷亂始而作，二說較爲接近詩句表面上的意義，前人、後人對此二詩的詮釋多與方氏相同。《詩經原始》頁 400-401；438-439。但對於〈鄭・女曰雞鳴〉爲賢婦警夫以成德而作，〈出其東門〉爲不慕非禮色而作二首詩的解說，則方氏的個人色彩很濃。除了有用「教化」的觀點作爲詮釋的基礎之外，在說解詩句的過程中，很多是循文按義的「推想」而已，主觀性極大。如解〈鄭・女曰雞鳴〉云：「此詩不惟變〈風〉之正，直可與〈關雎〉〈葛覃〉鼎足而三，何者？〈關雎〉新婚，〈葛覃〉歸寧，此則相夫以成內助之賢，房中雅樂缺一不備也。觀其詞義『子興視夜』以下皆婦人之詞，首章勉夫以勤勞，次章宜家以和樂，三章則佐夫以親賢樂善而成其德。婦人之職於是乎盡，而可不謂之爲賢乎？」頁 467-468。論〈出其東門〉云：「此詩亦貧士風流自賞，不屑屑與人尋芳逐豔。一旦出遊睹此繁華，不覺有慨於心，以爲人生自有伉儷，雖荊釵布裙，自足爲樂。何必妖嬈豔冶，徒亂人心乎？故東門一遊，女則如雲，而又如荼，終無一人繫我心懷。」頁 493-494。

（三）推想作詩時的心理狀況

推想式的解說方式，除了可以推想作詩的背景、文意的大概內容之外，方氏還用來解釋詩人作詩時可能的心理狀態。如論〈唐‧無衣〉爲「代武公請命於王也」而作，《序》以爲晉「大夫爲之（武公）命於天子之使而作是詩也」，朱子《詩集傳》駁斥《序》說，方玉潤認同朱子駁斥之說，但是朱子又以爲武公所自作，則又不符原詩義。方玉潤推測此詩作者寫作的動機爲：「此蓋詩人窺見武公隱微自恃強盛，不惟力能破晉，而且目無天王。特以晉人屢征不服，不能不藉王命以懾服眾心，故體其意而為是詩，曰吾非不能為是七章之衣……詩人蓋著其惡，使後之人知其有無君之心也。」（《詩經原始》卷六，頁 574-575）而方玉潤將詩旨定爲「代武公請命於王」，其意本于詩中詞句「傲慢無禮」，且有諷刺的意謂，因此推翻《毛序》、《朱傳》之說。但是方氏自立新說的解釋過程仍爲一種推想式的可能，是許多種可能中的一種，而且推論的理據也不確實，無法說服後人接受方氏之說，並將方說訂爲確解。又如論〈陳‧株林〉以爲陳靈公與其臣孔寧、儀行父淫於夏姬支是件於《左傳》，事證確鑿，而詩句卻故作疑信之詞，何以如此？方氏以爲：「非特詩人忠厚不肯直道人隱，亦抑善摹人情……故多隱約其辭，故作疑信言以答訓者，而飾其私。詩人即體此情，為之寫照，不必更露淫字，而宣淫無忌之情已躍然紙上。」（《詩經原始》卷七，頁 634）這種以推想的方式解說《詩經》已成爲方玉潤詮釋方法中的一種慣性，若仔細閱讀《詩經原始》中其他

篇章，則會驚訝這種釋《詩》方法的普及。所以方氏說〈召南・鵲巢〉爲「昏禮告廟詞」，〈采蘋〉爲女未嫁之前，「教女者告廟之詞」。〈邶・泉水〉爲衛國媵女和〈鄘・載馳〉而作，〈鄘・蝃蝀〉爲詩人代宣姜答〈邶・新臺〉之作。[28]

　　從經學的政治教化說、文學的視角說，一直討論至推想的解經方式，我們可以爲方玉潤《詩經原始》的詮釋方法作出一簡單的說明。即方玉潤詮釋《詩經》時的基本立場仍屬於傳統的漢學家（古文學家）立場，用諷刺教諭的風化觀點看待三百篇。但在實際的詮釋過程中，方玉潤也運用了文學的視角，包括文學鑑賞、文章的風格評賞等方式，作爲解釋《詩》義的工具性方法。也就是說，方玉潤的文學視角是屬於技術層面的，而非觀念層面的。文學視角的詮釋方式，是爲了政教風化的傳統《詩》教觀服務的。反過來說，方玉潤

28　方玉潤以〈召南・鵲巢〉爲「昏禮告廟詞」，其理由爲：「當時之人，必有依人大廈已成昏者，故詩人詠之。後竟以爲典要耳……細詠詩詞，與〈關雎〉雖同賦初昏，而義旨迥別。〈關雎〉似後世催妝、花燭等詩，此則語近祝辭。古昏禮必告廟，祝版樂章當有用者，但無考耳。」頁214。論〈采蘋〉爲女未嫁之前，「教女者告廟之詞」。方氏云：「此詩非詠祀事，乃教女者告廟之詞。觀其歷敘祭品、祭地、祭人，循序有法，質實無文，與〈鵲巢〉異曲同工。蓋〈鵲巢〉爲婿家告廟詞，此特女家祭先文耳。」頁226。論〈邶・泉水〉爲衛國媵女和〈鄘・載馳〉而作，方氏云：「愚玩此詩……此則直傷衛事，且爲衛謀。與〈載馳〉互相唱和也。〈載馳〉云『載馳載馳，歸唁衛侯』，此則云『飲餞于禰，飲餞于言』。〈載馳〉云……此則云……詞鋒相對，語無虛設。非唱和而何？」又說〈載馳〉爲嫡唱之詞，〈泉水〉爲媵賀之詞。其「嫡媵口吻各如其分，絕不相陵，故又知其爲妾和，非夫人作也。」頁321-322。論〈鄘・蝃蝀〉爲詩人代宣姜答〈邶・新臺〉之作。方氏云此詩：「蓋與〈新臺〉相爲唱答耳。唐人唱酬詩體，彼此意同者曰和，彼此意異者曰答。〈新臺〉以刺宣姜，故詩人又設爲宣姜之意，代答〈新臺〉。互相解嘲，亦諷刺中一體也。頁371。

是用詩教的觀點看待三百篇，在詮釋之前已經預設了教化風世的立場。因此，即使運用了許多文學視角去詮釋《詩》旨，最後還是在美刺諷世、戒鑑勵世的教化範圍內。而且若從實際操作的技術層面論，方玉潤運用的最多的、最頻繁的詮釋方法也非文學視角，而是一種推想式的論述，故而我們對於《詩經原始》的根本詮釋立場及詮釋方法應該有所修正、說明。

參、《詩經原始》所追求的「原始」詩旨

　　《詩經原始‧自序》曾論及作此書的緣起，方氏先敘述古人學《詩》之法，「重實行，不事虛聲」，誦二〈南〉〈國風〉二〈雅〉三〈頌〉皆能深深體會詩中的人倫之正、風俗之變、治亂之幾、政治得失、人物賢否等意旨。因此，「日唯事謳吟，以心傳而口授。涵濡乎六義之旨，又復證以身心性命之微而已。」直到託名子夏、孔子的《詩序》一出，歐陽修、鄭樵駁之於前，朱子辯之於後，遂使三百篇詩旨茫然，加上明末造作《偽傳》，越使詩義紛亂。接著受到姚際恆《詩經通論》啟發，「反覆涵泳，參論其間，務求得古人作詩本義而止。不顧《序》不顧《傳》，亦不顧《論》，唯其是者從，而非者正，名之曰『原始』，蓋欲原詩人始意也。雖不知其於詩人本意何如，而循文按義，則古人作詩大旨要亦不外乎是。」（《詩經原始》，頁4-7）

　　〈自序〉中雖然標舉了所追求的《詩》意爲詩人原始之意，也說明自己解讀《詩》意的方法，但是在《詩經原始》

書中卻處處可見方玉潤用「言外之旨」、「聖人之意」等詞說明自己所詮釋的《詩》旨，則「言外之旨」與「聖人之意」是否為詩人的「原始」之意？方氏又提及編詩者、刪詩者，則編詩、刪詩者之意又與聖人之意、詩人之意是否相同？如果能釐清這些問題，則我們對《詩經原始》所追求的《詩》旨能有更確切的瞭解。

一、詩人之旨還是聖人之旨

方玉潤在《詩經原始》中雖然一再提及有所謂「編詩」、「刪詩」之人，但細繹其意，可知「編詩」與「刪詩」指的是同一種身份的人，方氏尊以「聖人」稱之。如〈詩旨〉云「刪詩則將以垂訓萬世」，如配合前云「足為後人戒鑑的勸世教化說」一節，可知以《詩》垂訓萬世指的是聖人。又論〈周南〉十一篇次序的安排有其用意，其用意仍在見風化之始於家庭，及於境外，終至天下。論〈柏舟〉編為〈邶風〉之首，乃古聖編詩寄寓其存亡繼絕之心。若從方玉潤解說十五〈國風〉每一〈國風〉的第一首都有其特別用心，則可知這個編詩者指的也是聖人。[29]論〈卷耳〉居〈葛覃〉之後直

29　方玉潤論〈周南‧關雎〉云：「聖人取之以冠三百篇首，非獨以其為夫婦之始，可以風天下而厚人倫也。蓋將見周家發祥之兆，未嘗不自宮闈始耳。」頁 167。論〈邶‧柏舟〉云：「古聖編詩，既憫其國之亡，而又不忍臣之終沒而不彰，乃序此詩於一國之首，以存忠良於灰燼」頁 278。論〈鄘‧柏舟〉云：「〈柏舟〉二詩，一為賢臣憂讒憫亂之作，一為烈婦守貞不二之詞，皆可以為後世法，又皆冠於二風之首。嗚乎！二國得此二詩，然後可以不亡，豈漫然哉！」頁 349。方氏雖為提及「聖人」編詩之說，但對照〈邶‧柏舟〉之說可知〈鄘‧柏舟〉冠於〈鄘風〉

云「聖人編之」、論〈中谷有蓷〉直云「聖人刪詩」、論〈遵
大路〉直云「何煩大聖人之刪而存哉」、論〈女曰雞鳴〉直
云「聖人刪詩特標此一篇」、論〈衡門〉直云「聖人刪詩」、
論〈檜風〉居〈曹風〉之後,則直云「聖人編詩」,將聖人
與刪詩者、編詩者合而爲一。[30]

　　編詩者、刪詩者與聖人爲同一身份,則在方氏眼中,三
百篇中所存在的意旨只有二種,即作詩人之意與編詩的聖人
之意。如何判定方玉潤所追求的「原始」《詩》意爲詩人之
意,或是聖人之意?今以《詩經原始》在討論十五〈國風〉
中,同時提及作詩者與刪詩者,或詩人與聖人的文字敘述來
解讀方玉潤對詩人之旨、聖人之旨的看法。對於詩人作詩之
用意與聖人取詩、刪詩的用意,在方玉潤的眼裡只有一個差
別,即隱與顯的不同。而這種隱與顯之間只有程度上的差別,
沒有根本意義的不同。詩人作詩之意爲隱,但是透過聖人存
詩、刪詩的動作,則將詩人之意顯發而出。如論〈周南・漢
廣〉以爲詩人借樵唱以抒懷,其詠江、漢之廣長不可泳、游
之意,用以況漢之游女不可求,可以「用以比文王之德廣洋
洋」,也可以「而太史取之」,再由此見「**周家德化所及**

之首,有其用意,此用意爲聖人編詩的用意。論〈唐・蟋蟀〉云:「聖
人取之冠於〈唐風〉之首,以爲唐堯舊俗固如是耳。」頁 556。論〈秦・
車鄰〉云:「可知聖人存之,以見嬴秦始基固若是耳。」頁 592。〈陳・
宛丘〉以爲若如朱子《詩集傳》「刺遊蕩」之說,則:「何煩詩人諷詠,
重勞大聖人錄而冠夫〈陳風〉之首,以爲遊蕩者戒耶?」當解爲「刺上
位遊蕩無度」。頁 617。

30 論〈卷耳〉居〈葛覃〉之後之說,見頁 179。論〈中谷有蓷〉之說,見
頁 436。論〈遵大路〉之說,見頁 466。論〈女曰雞鳴〉之說,見頁 468。
論〈衡門〉之說,見頁 623。論〈檜風〉居〈曹風〉之後之說,見頁 625。

凡有血氣，莫不發情止義，所以為貴也。」論〈召南・行露〉
以為詩人本為「貧士卻昏以遠嫌」而作，太史錄之「以士處
貧困，而能以禮自持，不為財色所誘，不為刑法所搖。足以
風天下而勵後世。」論〈唐・椒聊〉以為詩人有見於曲沃桓
叔之盛，相對於昭公之弱，欲以警之。聖人存之「正以見其
識之遠而慮之深耳」。[31]這裡，方玉潤對於詩人之意與聖人
之意有一個根本的設準，即二者都與人倫風化有關。作詩者
出自一種警世、教世的心作詩，編詩、刪詩者也出自風化勵
世的基準來編詩、刪詩。所以論〈齊風〉十一首，以為「詩
人撥為歌詠，聖人載在范經，皆有關於倫常大故，不僅係乎
風化已。」論〈陳・宛丘〉以為若如朱子《詩集傳》說，泛
指遊蕩人，則「何煩詩人諷詠，重勞大聖人錄而冠夫〈陳〉
之首，以為遊蕩者戒耶？」故定〈宛丘〉之旨為「刺上位遊
蕩無度」。[32]

　　既然詩人與聖人之意一隱一顯、一微一著，而且二者的
詩義內容基準又相同，都是有關人倫教化的詩教說，則如何
判定《詩經原始》中所「原始」的詩義為詩人的，或是聖人
的？在解決這個問題之前，必須先思考另外一個問題。即追
求詩人之旨或聖人之旨於方玉潤在詮釋《詩經》時，他的眼
中有無根本上的不同？或者說方氏在詮釋《詩經》時，已經
很明確的知道自己所「原始」的詩旨為詩人的，或是聖人的。
詩人之旨與聖人之旨的區別，對於方玉潤來說重不重要？是

---

31 論〈周南・漢廣〉之語見頁 196-197。論〈召南・行露〉之語見頁 235。
　　論〈唐・椒聊〉之語見頁 564。
32 論〈齊風〉十一首之說見頁 533。論〈陳・宛丘〉之說見頁 617。

否成為一個問題？如果二者的區別不是問題，或者方玉潤根本沒有意識到詩人之旨與聖人之旨的不同，則發問「《詩經原始》中所原始的詩旨為詩人之旨或聖人之旨」，已無需要。因為方玉潤已經將二者之意視為同一，後人無法區別，也無須甄別其間的差異。這一點從以上論述方玉潤的詩教觀可以略知一二，也可從方玉潤將三百篇視為具春秋書法作用得知。所以〈鄘・君子偕老〉詩人以「君子偕老」為題眼，貞淫褒貶悉具其中。形容宣姜衣服之盛、儀容之美，反襯其德行之惡，正以見其無法與「君子偕老」，故實為刺宣姜之作，「春秋法寓焉」。〈鄭・大叔于田〉詩人窺破莊公對於大叔之驕縱包容，適足以害之，故「**特詠之，以為誅心之論，如春秋書法微意所在**」。論〈唐風〉為作於曲沃兼併晉之世，聖人不用「晉」以名其詩，用「唐」，為「**聖人惡其君之得國不正，黜之所以見併族滅宗之罪**」，「春秋之法寓焉」。〈秦・渭陽〉雖為康公送別舅氏重耳而作，詩中流露思母之情懷，然「**未幾而修怨於晉，既戰於武城，又戰河曲。昏姻之好，變為仇讎，則念母之心不之何往？**」方氏故云「**此詩之存，其亦春秋意也。**」〈陳・墓門〉為刺桓公不能早去佗，因陳國之亂由佗而起。詩中雖謂佗無良師傅，以至不義，實為刺桓公不能去佗。若依朱子《詩集傳》闕疑之說，則「**亂臣賊子得以幸逃公論，其可乎哉？**」[33]詩人以春秋書法隱微之意作詩，以一言寓褒貶之法作詩，聖人取之以為後世戒，

---

33 〈鄘・君子偕老〉之說見頁 353-355。〈鄭・大叔于田〉之論見頁 458。論〈唐風〉之說見頁 555。〈秦・渭陽〉之論見頁 612-613。〈陳・墓門〉之論見頁 627-628。

以惕亂臣賊子。則二者之意在此已無差別，勸誡教化後世的用心相同，作詩者之義與編詩者之義相同，無須區別。

二、本意還是言外之意

歷來解經者莫不以獲得《詩經》本義作爲其詮釋目標，但是面對詩人之義、聖人之義、引《詩》用《詩》之義等多重義旨，如何才能確保自己的解釋爲三百篇的原意而不是其他的意旨？若就清代樸學家的詮釋方法而言，標舉由聲音、文字著手，以音通字，以字解句，然後拓展至整篇，瞭解經義。但是這種詮釋方式放在《詩經》中則會發生問題，即詩人有所謂寄託的寫作手法，以男女夫婦之詞寄託詩人忠君愛國之情、身世之感或其他情感。因此，《孟子》的「不以文害辭」之說屢屢被提及。這種《詩經》在「由語言文字爲基礎所構成的文本意義之外，尙存在著另一層次超出文本之外的意義」，面對這種「言在此而意在彼」的情形，近人車行健以爲所謂本義可能有兩個層次，「由語言文字所構成的文本本身所顯示的意義和在文本之外的作者創作意圖」，前者可稱爲「作品本義」，後者可稱爲「作者本義」。[34]既然作者本義存在於作品文字之外，則言外之意成了真正的本義，讀者不可拘泥於作品文字表面的意義，把作品本義當作作者本義。

依照車氏的解說，則《詩經原始》所追求的「原始」的

---

34 車行健：《詩本義析論 —— 以歐陽修與龔橙詩義論述爲中心》（臺北：里仁書局，2002 年），頁 28。

詩意顯然指作者本義,所謂的言外之意。故而解釋《孟子·萬章》篇:「說詩者,不以文害辭,不以辭害志,以意逆志,是爲得之。」即云「《孟子》斯言可謂善讀《詩》矣」。[35]因此,〈周南·關雎〉不必定考其爲何氏作;〈召南·騶虞〉「壹發五豝」不過說「獵不盡物,物不盡殺」之意,不可以辭害意;〈邶·擊鼓〉爲「衛戍卒思歸不得」之詩,不必「沾沾據一時一事以實之」;〈鄭·山有扶蘇〉爲「刺世美非所美」,不必定指忽;〈風雨〉不過爲「懷友」之詩,不必定指爲忽突之世而作。[36]以爲讀古人詩要「不可泥而求之也。讀者細詠詩詞,當能得諸言外」還要「眼光四射,不可死於句下」、「勿泥其辭而昧其義」。[37]因此,論〈鄭·東門之

---

35 方玉潤云:「詩辭與文辭迥異。文辭多明白顯易,故即辭可以得志。詩辭多隱約微婉,不肯明言。或寄已寓意,或甚言而驚人,皆非其志之所在。若徒泥辭以求,鮮有不害志者,《孟子》斯言可謂善讀《詩》矣。」卷首下,頁104。

36 〈周南·關雎〉之說見頁167。〈召南·騶虞〉之說見頁266。〈邶·擊鼓〉之說見頁295。〈鄭·山有扶蘇〉之說見頁473-474。方氏云:「〈大序〉謂所美非美,然庶幾近之。然不必定指忽也。夫天下妍媸莫辨,是非顛倒,以至覆家亡國而自殺其身者,亦豈尟哉?詩人不過泛言流弊,舉以爲戒,故藉草木起興,以見山之高固有扶蘇……有天下國家責者,尤當三復而細詠之。」〈風雨〉之說見頁488。方氏云:「詩人善於言情,又善於即景以抒懷,故爲千秋絕調也。若必以風雨喻亂世,則必待亂世而始思君子,不遇亂世則不足以見君子。義旨非不正大,意趣反覺索然,故此詩不必定指爲忽突世作。凡屬懷友皆可以詠,則意味無窮矣。」

37 方氏論〈周南·螽斯〉前人或以爲美后妃而作,或以爲眾妾所作,其說皆附會武斷,方氏云:「但其措辭,亦僅借螽斯爲比,未嘗顯頌君妃,亦不可泥而求之也。讀者細詠詩詞,當能得諸言外。」,頁182-183。論〈邶·雄雉〉云諸儒或以爲婦人作,或以爲刺宣公淫亂不恤國事,其說皆不可信,故而方氏云:「讀古人詩當眼光四射,不可死於句下。」頁300-302。論〈鄭·叔于田〉云〈小序〉以爲刺莊公,朱子《詩集傳》及諸家以爲無刺意,方氏以爲刺莊公無疑,但是爲刺其「縱弟田獵自喜也」。又云:「讀詩者慎勿泥其辭而昧其義焉可也」。頁455-456。

墠〉云「不敢遽定為朋友辭，亦不敢隨聲附和指為淫詩。故但曰有所思而未得見之詞。」論〈揚之水〉以爲「聖人存之以為後世之凡為兄弟者戒，若必求其人其事以實之，則當闕疑以俟知者。」[38]謹慎的詮釋態度表露無遺。

　　這種不以辭害意的讀《詩》法，與方玉潤用文學欣賞的角度對待《詩經》有關。若必按實而解說詩詞之意，則興會索然，一點美感、詩意皆無。如前云〈周南・芣苢〉之妙正在無所指實而愈佳，若一一按實而填之，則「興會索然」。〈衛・竹竿〉之詩「造語之工，風致嫣然，自足以擅美一時」，若以某人某事實之，則三百篇只是一本記事簿而已。論〈齊・雞鳴〉「全詩純用虛寫，極回環摩盪之致，古今絕作也。」若欲巧爲之辯解，則「興會索然」。[39]

　　但是方玉潤對這些言外之旨、言外之意的解釋更多是偏向於政治教化、美刺諷世說的，如云〈召南・草蟲〉爲「思君念切」之詩，是「詩人託男女情以寫君臣念」、「假思婦情以寓其忠君愛國意，使讀者自得其意於言外，則情愈曲而愈深，詞以益隱而益顯。然後世之人從而歌詠之，亦不覺其忠君愛國之心油然而自生。」說〈邶・谷風〉爲「逐臣自傷」

---

38 〈鄭・東門之墠〉之說見頁 486。〈揚之水〉之說見頁 493。

39 方玉潤論〈周南・芣苢〉云：「殊知此詩之妙正在其無所指實而愈佳也。夫佳詩不必盡皆徵實，自鳴天籟，一片好音，尤足令人低回無限，若實而按之，興會索然矣。」頁 191。論〈衛・竹竿〉云：「蓋其局度雍容，音節圓暢，而造語之工，風致嫣然。足以擅美一時，不必定求其人以實之也。詩固有以無心求工而自工者……俗儒說詩勿求確解，則三百篇詩詞不過一本記事珠，欲求一陶情寄興之作豈可得哉？」頁 404-405。論〈齊・雞鳴〉云：「詩人之詞多在可解不可解之間，不必以辭害意。若必巧爲之辯，則興會索然矣。」頁 509。

之詩，方氏知其為託詞，以「忠臣義士不見諒於其君，或遭讒間，遠逐殊方。必有一番冤抑難於顯訴，不得不託為夫婦詞，以寫其無罪見逐之狀。」漢魏以後此種詩尤多，「皆有詩無人，或言近旨遠，借以諷世，莫非脫胎於此。」[40]相反的，對於那些將男女之詞解為淫奔、刺淫之詩的說法，方氏毫不留情的加以譏諷。如云朱子解說〈陳‧防有鵲巢〉為「男女之有私而憂或間之之詞」，完全將詩意說壞了，直歎「詩人之遇晦翁，詩人之大不幸也，可慨也。」說〈月出〉為「虛想活現出一月下美人，並非實有所遇。」諸儒認以為真，「豈不為詩人所哂」，其深微幽遠之意，「非迂儒俗士所能窺也。」[41]

　　為了推求某一首詩是否有寄託，是否有著言外之意，方玉潤常常一反之前謹慎闕疑的態度，反而泥而求其實，以為某詩為某人某事而發，而細繹這些方玉潤深考、泥辭而求的《詩》旨，仍會發現其中充滿了他的詩教觀。如云〈召南‧羔羊〉「所詠必有其人」，此人為召伯，義旨為「美召伯儉而能久」。論〈鄭‧丰〉為「此必寓言，非詠昏也。」為賢

---

40 〈召南‧草蟲〉之說見頁 222-223。〈邶‧谷風〉之說見頁 308-309。

41 〈陳‧防有鵲巢〉之說見頁 631。方氏云：「程子曰：『予美』，心所賢者。一言下之，詆君以讒人。一言奸之，誣善以害人，皆作詩者憂患之意。」可謂深得風人義旨矣。而朱子乃謂『予美』指所私者，定此詩為男女有私而憂其或間之之詞，豈不異哉？夫風詩託興甚遠，凡屬君親朋友，意有難宣之處，莫不假託男女夫婦詞，婉轉以達之。詩人遇晦翁，詩人之大不幸也，可慨也。」〈月出〉之說見頁 632-633。方氏云：「此詩雖男女詞，而一種幽思牢愁之意固結莫解。情念雖深，心非淫蕩，且從男意虛想活現出一月下美人，並非實有所遇。……不料諸儒認以為真，豈不為詩人所哂。使充是心於君親朋友之間，則忠臣校子、義弟良朋，必有情難自己之處。此風詩之旨深微幽遠，託興無端，含毫有意。固非迂儒俗士所能窺也。」

人處亂世中隱而不仕，朝廷初以禮往聘不成，便逼迫之。詩人「不能自主，發憤成吟，以寫其胸中憤懣之氣，而又不敢顯言賈禍，故借昏女為辭，自悔從前不受聘禮，以致今日而有敦促之辱。」論〈野有蔓草〉以為「此詩必為朋友期會之詩無疑。士固有一見傾心，終身莫解片言，相投生死不渝者，此類是也。」說〈唐・羔裘〉「羔裘豹袪，指卿大夫而言也無疑。即下云『豈無他人，維子之故』，亦其民欲去而不忍去之意也，亦無疑。」民欲去其大夫而不忍去，可知其大夫之賢能，主政者卻無法重用。則整首詩為「刺在位不能恤民」。論〈采苓〉為詩人刺晉獻公好聽驪姬之讒言而作，〈曹・侯人〉為「刺曹君遠君子而近小人」，詩中「侯人」指僖負羈。[42] 不止以美刺諷諭的角度詮釋詩旨，更由此實之以某人某事，落入自己說的泥辭昧義，將詩人意思說死。

　　方玉潤如何求得詩人言外之旨？即他解說言外之旨的方法為何？從《詩經原始》中方氏提及「言外之意」的解說文字分析，可以得知方氏多以「涵泳」體會詩句的讀《詩》法來推求詩人的言外之意。如〈凡例〉云：「六經中唯《詩》易讀，亦唯《詩》難說。……亦由於詞旨隱約，每多言外意。」而「說《詩》諸儒，非考據即講學兩家，而兩家性情與詩絕不相近，故往往穿鑿附會，膠柱鼓瑟。不失之固即失之妄。又安能望其得詩人言外意哉？」《詩經原始・凡例》，頁 27）方玉潤強調以「性情」解《詩》，而所謂「性情」並非後人

42　〈召南・羔羊〉之說見頁 239。〈鄭・丰〉之說見頁 483。〈野有蔓草〉之說見頁 497-498。〈唐・羔裘〉之說見頁 569。〈采苓〉之說見頁 580。〈曹・侯人〉之說見頁 657。

所謂用文學的感性之情，審美欣賞的性情，而是一種用身心性命去體會、感悟的忠厚之情。所以方氏云古人讀《詩》之法「日唯事謳吟，以心傳而口授，涵濡乎六義之旨。又復證以身心性命之微而已。」《詩經原始‧自序》，頁 4-5）又說「讀《詩》當涵泳全文，得其通章大意，乃可上窺古人義旨所在。」（《詩經原始‧凡例》，頁 20）所以說讀者閱讀〈周南‧螽斯〉時，要「細詠詩詞，當能得諸言外。」〈召南‧草蟲〉使「後世之人從而歌詠之，亦不覺其忠君愛國之心油然而自生。」說〈邶‧匏有苦葉〉「謂之刺世也可，謂之刺宣公也亦可，謂之警世也可，謂之自警也亦無不可。是在乎善讀《詩》者觸處旁通，悠游涵泳，以求其言外意焉，斯得之耳。」[43]

　　《詩經》作為一經典文獻，他不同于其他經典的特殊之處在於《詩經》本身即為一文學性質的作品。不同于其他一般的文學性詩歌作品之處，又在於他具備了某種社會性的功能。因此，《詩經》具有多義現象本不足為奇，而造成其多義現象的背景、原因則複雜難分。其中一個最重要的原因為歷史的因素與文化脈絡的影響。依車行健的解說，這些由歷史因素與文化脈絡造成的多義，可用龔橙《詩本誼》說的采《詩》、賦《詩》、引《詩》、及周公用為樂章之義與孔子定《詩》建始之義。這些采《詩》、賦《詩》、引《詩》、編《詩》的人，其身份特殊，是一群「特殊的讀者」、「另有用心的讀者」。這些特殊的讀者參與《詩》義的製造，就

---

[43] 〈周南‧螽斯〉之說見頁 184。〈召南‧草蟲〉之說見頁 223。〈邶‧匏有苦葉〉之說見頁 306。

某種程度言，實際上取得了類似作者的地位，其意甚至比原作者之意影響後人更大。[44]最原始的詩人之意一直是解《詩》者解經的最終目的之一，但是受到流傳過程中種種歷史文化因素的影響，詮釋者在解釋過程中，不自覺的受到這些因素左右，常常將詩人之意與聖人之意搞混了，甚至直覺上將二者合而為一，如同方玉潤一般。因此，對於他所標舉的「原始」二字，必須作一適當的說明。若用作形容詞說，則此「原始」為詩人作詩最初的原始用意、動機，也是聖人取之編錄於書冊的用意，非書面上字句的原始意義。若作動詞解釋，則要求讀者以涵泳、玩味詩詞的方式，以身心性命體悟的方式去推原詩人作詩的本義，這個本義與聖人錄詩、編詩的用意相通。所以，《詩經原始》中所「原始」的原始本義，不只是詩人之意，也是聖人之意，是本義也是言外之意。

肆、結　語

近人郭芳從接受美學的角度討論《詩經》的二種性，有政治性與文學性、神聖化與世俗化、道學闡釋與真情感悟等三方面的不同。[45]郭氏的解說成果雖頗能符合歷來詮釋《詩經》的二種態度間的差異，但是在運用所謂「接受美學」解

---

44 車行健《詩本義析論—以歐陽修與龔橙詩義論述為中心》，頁 14-20。
45 郭芳：〈論詩經接受的二重性〉，《保定師範專科學校學報》16 卷第 1 期，（2003 年 1 月），頁 25-28。

說時，仍有不少值得存疑的方法論問題，[46]不過郭氏的二重性解說可以間接說明傳統《詩經》學史上二種解釋方式的差異，即經學的與文學的差異。這兩種詮釋方法一直爲《詩經》詮釋史中最主要的，而且其間差異頗大。但是所謂「經學的」一詞，牽涉了經學流派的問題。經學史上有古文經、今文經之分，又有漢學宋學之分，且個個流派詮釋經典的方式都有差異，無法用一個「經學的詮釋方式」說明其間的不同。就《詩經》的詮釋方法而言，宋學家對三百篇的詮釋方法其實較接近近人所說的「文學的」詮釋，他們用涵泳玩味的體會方式，不顧《序》《傳》的解說，拋開了政治教化的觀點，反而得出許多不同於傳統漢學家的說法。雖然對某些詞句用了天道性命等宋學家特有的觀點解釋，但是這些詞句的解說並不影響他們對於《詩》旨的闡發，而且這種帶有宋學色彩的解釋畢竟佔少數而已。

　　反觀方玉潤的解說方式，則會發現雖然他也用涵泳體會的讀《詩》法去解讀《詩》旨，但是所得出的許多號稱爲「詩人本義」的「本義」，實際上是聖人的本義，是傳統儒家教化觀點下的本義，沒有一點文學上的審美感悟的意味。因爲他在詮釋的背後已經預設了一個基準，一個傳統的詩教觀

---

46 首先，郭氏標舉「接受美學」（the aesthetics of reception）的角度說明作品的涵義、價值與歷史地位不是被給定的、永遠不變的客觀存在，而是隨著時代、地域與接受意識的變遷而不斷變化。但是傳統《詩經》學上有所謂「聖人」、「編詩者」、「刪詩者」，作者並非單一，而且又有「賦《詩》」、「引《詩》」的不同，即三百篇的意義產生方式並非只有一個，與接受美學視作品作者只有單一不同。又接受美學的接受者有三種類型：一般讀者、批評家、作家，但是郭氏並沒有針對這三種不同類型的接受者進行區分，解說其差異性。

點。如此一來，則方玉潤的潤詮釋視角又與宋學家不同，從許多詮釋後的結果而言，方玉潤反而比較接近經學家，而非宋學家。這並非說我們無法說明方玉潤的詮釋觀，而是要區分詮釋方法的背後基準與實際操作的詮釋方式。透過以上各節的檢視，可以得知方玉潤在詮釋三百篇時，他的實際操作的詮釋方式以推想式的爲主，只有少部分運用文學審美的視角解釋，更重要的是，在詮釋的背後，方氏已經預設了一個與傳統經學家相同的立場，教化爲出發點，將三百篇視爲聖人流傳後世的微言大義。所以，在方玉潤身上，同時存有這「文學的」與「經學的」解釋方式，只是一爲實際操作的詮釋方式，一爲詮釋的基準，不可將二者混爲一談。

徵引書目

古籍（依生卒年）

李學勤主編：《十三經注疏‧詩經》，北京大學出版社，1999年

歐陽修：《詩本義》，景印文淵閣《四庫全書》第 70 冊

李樗、黃櫄：《毛詩李黃集解》，景印文淵閣《四庫全書‧經部‧詩類》第 71 冊

范處義：《詩補傳》，台北：世界書局，1986 年

輔廣：《詩童子問》，景印文淵閣《四庫全書‧經部‧詩類》第 74 冊

王質著、清‧錢儀吉校定：《詩總聞》，台北：新文豐，1984年

魏泰撰，李裕民點校：《東軒筆錄》卷 6，北京：中華書局 1997年版

晁公武：《郡齋讀書記》，上海：上海古籍出版社，1990 年版

嚴粲：《詩緝》，台北：廣文書局，1989 年

朱熹：《詩集傳》，台北：藝文印書館，1974 年

朱熹：《論語集注》，台北：長安出版社，1990 年

郭齊、伊波點校：《朱熹集》，四川教育出版社，1996 年

黎靖德編、王星賢點校：《朱子語類》，北京：中華書局，1999
　　年

陳振孫：《直齋書錄解題》，台北：廣文書局，1979 年

黃震：《黃氏日抄》，《景印文淵閣四庫全書》第 707 冊

脫脫等撰：《宋史》，北京：中華書局，1999 年

朱彝尊：《經義考》，北京：中華書局，1998 年

姚際恆：《詩經通論》，《續修四庫全書》第 62 冊，上海：上
　　海古籍出版社，1995 年

姜炳璋：《詩序補義》，景印文淵閣《四庫全書》第 89 冊

畢沅：《續資治通鑒》，北京：中華書局 1979 年版

崔述：《讀風偶識》，台北：學海出版，1992 年

阮元：《揅經室集》，北京：中華書局，1993 年

胡承珙撰、郭全芝校點：《毛詩後箋》安徽：黃山書社，1999
　　年

四庫館臣：《四庫全書總目提要》，台北：藝文印書館，1997
　　年

馬瑞辰撰、陳金生點校：《毛詩傳箋通釋》，北京：中華書局，
　　2004 年

陳奐：《詩毛氏傳疏》，台北：學生書局，1995 年

魏源：《詩古微》，《續經解毛詩類彙編》第三冊，台北：藝文
　　印書館，1989 年

方玉潤：《詩經原始》，台北：藝文印書館，1981 年 2 月

龔橙：《詩本誼》，台北：新文豐書局，1989 年

俞樾：《古書疑義舉例》，北京：中華書局，1956 年

王先謙撰、吳格點校：《詩三家義集疏》，台北：明文書局，

1988 年

王先謙撰，沈嘯環、王星賢點校：《荀子集解》，北京：中華
　　書局，1996 年 2 月

近人專書（依姓氏筆畫）

北大哲學係編著：《荀子新注》，台北：里仁書局，1983 年 11
　　月

艾科（Umberto Eco）等著，王宇根譯：《詮釋與過度詮釋》，
　　北京：生活・讀書・新知三聯書店，1997 年

朱守亮：《詩經評釋》，台北：學生書局，1994 年

余英時：《錢穆與中國文化》，上海：遠東出版社，1994 年

余英時：《論戴震與章學誠》，台北：東大圖書公司，1996 年

余培林：《詩經正詁》，台北：三民出版社，1999 年

李家樹：《王質詩總聞研究》，台北：文史哲出版，1996 年

車行健：《詩本義析論 —— 以歐陽修與龔橙詩義論述為中
　　心》，台北：里仁書局出版，2002 年

屈萬里：《詩經詮釋》，台北：聯經出版社，1991 年 10 月

林慶彰主編：《經學研究論叢》第七輯，台北：學生書局，1999
　　年 9 月

林葉連：《中國歷代詩經學》，台灣：學生書局，1993 年 3 月

東海大學文學院編印：《第一屆中國思想史討論會文集》，台
　　中：東海大學文學

侯外廬：《中國思想通史》，北京：人民出版社，1998 年

洪湛侯：《詩經學史》，北京：中華書局，2002 年

梁啓超：《中國近三百年學術史》，台灣：里仁書局，1995 年

2 月

郝桂敏：《宋代詩經文獻研究》，北京：中國社會科學出版，
　　2006 年

陳志信：《朱熹經學志業的形成與實踐》，台北：學生書局，
　　2003 年

程元敏：《三經新義輯考彙評（二）—— 詩經》，台北：國立
　　編譯館，1986 年

黃俊傑：《孟子思想史論》，台北：東大圖書公司，1991 年

黃師忠慎：《詩經簡釋》，台北：駱駝出版社，1995 年 1 月

黃師忠慎：《清代獨立治《詩》三大家研究：姚際恆、崔述、
　　方玉潤》，台北：五南圖書公司，2012 年 7 月

猶家仲：《詩經的解釋學研究》，桂林：廣西師範大學出版，
　　2005 年

漢斯-格奧爾格·加達默爾著、洪漢鼎譯：《真理與方法》，上
　　海譯文出版社，2004 年

熊公哲等著：《詩經研究論集》，台北：黎明文化事業公司，
　　1981 年

裴普賢：《歐陽修詩本義研究》，台北：東大圖書公司，1981
　　年

院，1989 年 12 月

裴普賢、糜文開：《詩經欣賞與研究》，台北：三民書局，1991
　　年 8 月

趙制陽：《詩經名著評介》，台北：萬卷樓，1999 年

漆俠：《宋學的發展和演變》，石家莊：河北人民出版社，2002
　　年

蔣年豐：《文本與實踐（一）》，台北：桂冠圖書，2000 年

鄧克銘：《宋代理概念之開展》，台北：文津出版社，1993 年

潘德榮：《文字‧詮釋‧傳統 —— 中國詮釋傳統的現代轉化》，
　　上海譯文出版社，2003 年

戴維《詩經研究史》，長沙：湖南教育出版社，2001 年 9 月

鍾彩鈞編：《朱子學的開展 —— 學術篇》，台北：漢學研究中
　　心編印，2002 年

學位論文

陳昀昀：《王質詩總聞研究》，東海大學，1985 年中文所碩士
　　論文

趙明媛：《歐陽修詩本義探究》，中央大學中文學系，1990 年
　　6 月碩士論文

方笑一：《北宋新學與文學》，華東師範大學古籍研究所，2004
　　年博士論文

簡澤峰：《宋代詩經學新說研究》，國立彰化師範大學國文研
　　究所博士論文，2007 年 6 月

期刊論文

賴炎元：〈歐陽修的詩經學〉，《中國國學》，1978 年 4 月

何澤恆：〈歐陽修之詩經學〉，江磯編：《詩經學論叢》，台北：
　　崧高出版社，1985 年

孫秋克：〈對詩經研究傳統模式的挑戰＿詩經原始鑑賞批評發
　　凡〉，《嘉應大學學報》，1994 年第 3 期

張美煜：〈荀子引用詩經的方式及其涵義〉，《國文學報》第

24 期，1995 年 6 月

趙慶祥：〈方玉潤詩經原始簡述〉，《西南師範大學學報》，1995
　　年第 3 期

張啓成：〈評方玉潤的詩經原始〉，《貴州教育學院學報》，1995
　　年第 2 期

張開誠：〈君子人格與比德〉，《學術月刊》，1995 年第 12 期

邊家珍：〈論方玉潤詩經原始的政治教化思想〉，《學術研究》，
　　1997 年第 8 期

黃俊傑：〈從儒家經典詮釋史觀點論解經者的「歷史性」及其
　　相關問題〉，《台大歷史學報》第 24 期，1999 年 12 月

黃俊傑：〈儒家論述中的歷史敘述與普遍理則〉，《台大歷史學
　　報》第 25 期，2000 年 6 月

黃俊傑：〈中國經典詮釋學的方法論問題學術座談會紀錄〉，
　　中央大學《人文學報》第 21 期，2000 年 6 月

黃俊傑：〈孟子運用經典的脈絡及其解經方法〉，《台大歷史學
　　報》第 28 期，2001 年 12 月

陳昭瑛：〈「通」與「儒」：荀子的通變觀與經點詮釋問題〉，《台
　　大歷史學報》第 28 期，2001 年 12 月

郝桂敏：〈王質和他的詩總聞〉，《瀋陽師範學院學報（社會科
　　學版）》，2001 年，第 25 卷 4 期

李祥俊：〈王安石的經學觀與經學解釋學〉，《中國哲學史》，
　　2002 年第 4 期

張祝平：〈北宋熙寧科舉變革對宋代《詩經》學的影響〉，《南
　　通師範學院學報（哲學社會科學版）》，2002 年 12 月第
　　18 卷第 4 期

肖力：〈方玉潤詩經原始的文體學批評視角〉，《湖南省政法管理幹部學院學報》，2002 年 12 月，第 18 卷第 2 期

郭芳：〈論詩經接受的二重性〉，《保定師範專科學校學報》，2003 年 1 月，16 卷第 1 期

徐雁平：〈王質詩總文中的因情求意〉，《南京大學學報（哲學・人文科學・社會科學版）》，2003 第 2 期，卷 40

梁庚堯：〈宋代福州士人與舉業〉，《宋代墓誌史料的文本分析與實證運用國際學術研討會》，2003 年 10 月 19 日

鄒然、賈利芳：〈苦心立言，自成一家 —— 王質詩總聞的學術創獲〉，《江西師範大學學報》，2004 年，第 37 卷 1 期

方笑一：〈北宋「新學」名義考論〉，《人文中國學報》第 11 期，2005 年 8 月

孫寶：〈試論王安石詩新義在詩經闡釋史上的地位及影響〉，中國詩經學會編：《詩經研究叢刊第十一輯》，北京：學苑出版社，2006 年 7 月

付軍龍：〈比德於眾禽 —— 也論中國古代的「比德」觀〉，《北方論叢》，2007 年第 4 期

鄭臣：〈宋代思想轉型中的二程與王安石〉，《蘭州學刊》，2007 年第 10 期

熊凱：〈王安石「新學」名稱由來考辨〉，《史學月刊》，2009 年第 4 期

吳秋煊：〈試論「比德」的形式特徵和思想內涵〉，《現代語文》，2009 年 8 期

黃師忠慎：〈《毛詩李黃集解》析論 —— 以書寫體例與解釋方法為考察中心〉，《台大中文學報》第 43 期，2013 年 10 月